Hatto Brenner, Walter J. Dobisch, Werner Dörfler · Export-Strategien

D1720096

Universität Leipzig
Projektgruppe: „Osteuropamarkt"
Leiter: Doz. Dr. habil. E. Rößler
Johannisallee 21, 04103 Leipzig
Tel. 0341 / 68 50 - 215

Dipl.-Wirtsch.-Ing. Hatto Brenner,
Walter J. Dobisch, Werner Dörfler

Export-Strategien

Auslandsmärkte
systematisch erschließen
und erfolgreich bearbeiten

Die Deutsche Bibliothek – CIP-Einheitsaufnahme

Brenner, Hatto:
Export-Strategien : Auslandsmärkte systematisch
erschließen und erfolgreich bearbeiten / Hatto Bren-
ner ; Walter J. Dobisch ; Werner Dörfler. – Ehningen
bei Böblingen : expert-Verl., 1992
(Reihe Westerham ; 7)
ISBN 3-8169-0305-3
NE: Dobisch, Walter J.:; Dörfler, Werner:; GT

ISBN 3-8169-0305-3

Bei der Erstellung des Buches wurde mit großer Sorgfalt vorgegangen; trotzdem können Fehler nicht
vollständig ausgeschlossen werden. Verlag und Autor können für fehlerhafte Angaben und deren Folgen weder eine juristische Verantwortung noch irgendeine Haftung übernehmen.
Für Verbesserungsvorschläge und Hinweise auf Fehler sind Verlag und Autor dankbar.

Herausgeber-Vorwort

,,Wirtschaftsförderung durch Weiterbildung'' — dies ist das Motto des IHK-Bildungszentrums Westerham. Westerham ist eine Einrichtung der Industrie- und Handelskammer für München und Oberbayern.

Gerade die mittelständische Wirtschaft ist aufgerufen, sich den gesellschaftlichen, wirtschaftlichen und technischen Veränderungen möglichst schnell anzupassen, um Wettbewerbsnachteile gegenüber den Großbetrieben zu vermeiden.

Westerham hat sich daher zur Aufgabe gemacht

— innovative Entwicklungen in Unternehmensführung und Technologie für alle Betriebe nutzbar zu machen
— das Know-how der Großbetriebe auf den Bedarf der Klein- und Mittelbetriebe zu transferieren
— wissenschaftliche Kenntnisse aus Universitäten und Forschungsinstituten für die betriebliche Praxis aufzubereiten.

Konsequenterweise umfaßt das Programm die Gebiete Unternehmensführung, Persönlichkeitsentwicklung, Arbeitstechniken, Beschaffung und Absatz, Rechnungswesen, Recht und Steuern, Organisation, EDV, Neue Medien, Forschung, Entwicklung, Technik, Sekretariatsarbeit sowie Seminare für besondere Zielgruppen.

Die ,,Reihe Westerham'' will ausgewählte Themen aus dem Programm praxisgerecht aufbereiten und damit für eine große Anzahl interessierter Betriebe zugänglich machen.

Wir wünschen den Lesern dieser Reihe viel Erfolg in ihrer betrieblichen Praxis.

Helmut Paulik

Mit seinen vielfältigen außenwirtschaftlichen Verflechtungen gehört Deutschland zu den wichtigsten Wirtschaftsnationen. Sowohl im Import als auch im Export besteht eine sehr starke Abhängigkeit von der Weltwirtschaft.

Nahezu ein Drittel aller deutschen Produkte werden für Exportmärkte produziert. Ungefähr jeder fünfte deutsche Arbeitnehmer ist heute direkt oder indirekt für den Export tätig.

Der deutsche Außenhandel erstreckt sich auf fast alle Staaten der Erde. Der Schwerpunkt liegt jedoch eindeutig im Außenhandel mit anderen Industrieländern, und hier wiederum beim Handel mit den Mitgliedsstaaten der Europäischen Gemeinschaft (EG).

Bemerkenswert ist, daß die deutschen Erfolge im Außenhandel nicht in erster Linie auf den Leistungen großer Unternehmungen beruhen. An zahlreichen Beispielen zeigt sich, daß es vorwiegend mittlere und kleinere Unternehmen sind, die flexibel und ideenreich Absatzmöglichkeiten im Auslandsgeschäft erkannt und wirkungsvoll genutzt haben.

Trotz der offensichtlichen Auslandserfolge einer großen Zahl mittelständischer Unternehmen scheuen andere immer noch vor dem Schritt über die Grenzen zurück. Einer der wichtigsten Gründe hierfür ist nach unseren Beobachtungen die Schwierigkeit, Kontakte mit ausländischen Geschäftspartnern anzubahnen. Hinzu kommen fehlende Informationen über den Auslandsmarkt und die Scheu vor vermeintlichen überhöhten Risiken.

Aufgrund enger werdender Inlandsmärkte und eines zunehmenden Konkurrenzdruckes ist es jedoch gerade für mittelständische Unternehmen wichtig, sichere und rentable Absatzmöglichkeiten im Ausland zu erschließen und auf diese Weise den Fortbestand des Unternehmens zu gewährleisten.

Während große Unternehmen für den Aufbau von Exportgeschäften ein leistungsstarkes Potential von Stäben für Planung, Aufbau, Abwicklung und Kontrolle einsetzen, ist der mittelständische Unternehmer häufig auf sich alleine gestellt. Er muß oft in eigener Person die erforderlichen Schritte planen, die notwendigen Konakte anbahnen, die richtigen Informationen beschaffen, die vielfältigen Risiken absichern, die Zahlungen abwickeln, die Finanzierung sicherstellen.

Dieses Buch richtet sich daher speziell an den mittelständischen Unternehmer. Für den Auf- und Ausbau seiner Auslandsgeschäfte werden praxisorientierte Ratschläge und Hinweise gegeben. In den einzelnen Kapiteln werden Hilfestellungen angeboten für Bereiche, die nach unseren Beobachtungen immer wieder Hürden für den erfolgreichen Auf- und Ausbau von Auslandsgeschäften darstellen.

Erlangen, März 1992   Die Autoren

Inhaltsverzeichnis

Vorwort

0 Systematischer Aufbau von Auslandsmärkten

Sie haben sich entschieden, Ihre Produkte und Leistungen nicht nur im heimischen Markt abzusetzen, sondern auch in geeignet erscheinenden Auslandsmärkten.

Es ist also Ihr Ziel, einen bestimmten Teil Ihres Gesamtumsatzes/-ergebnisses zukünftig in bestimmten Auslandsmärkten zu erwirtschaften.

Mit dieser Entscheidung haben Sie den Startschuß gegeben für einen mehrstufigen Prozeß, der nun systematisch abgewickelt werden muß.

Je systematischer und konsequenter Sie hierbei vorgehen, desto rascher und sicherer werden Sie Ihr Ziel erreichen.

Ihre Vorgehensweise kann sich hierbei an folgendem Schema orientieren:

---

1. Entscheidung über Aufbau von Exportgeschäften

---

2. Definition des Exportzieles

---

3. Überprüfung/Schaffung der innerbetrieblichen Voraussetzungen

---

4. Beschaffung aller erforderlichen Informationen

---

5. Auswahl eines geeigneten Einstiegmarktes

6. Anpassung der Exportprodukte an die Erfordernisse des Auslandsmarktes

7. Festlegung des geeigneten Vertriebsweges

8. Suche und Auswahl geeigneter Vertriebspartner

9. Ausarbeitung von Prospekten und Verkaufsunterlagen

10. Regelmäßige/jährliche Absatzplanung

11. Systematische Bearbeitung des Auslandsmarktes

12. Auftragsabwicklung

13. Zahlungsabwicklung und Finanzierung

14. Ergebniskontrolle und Vergleich mit Zielsetzung bzw.
Planung (siehe Punkt 2./ 10)

Zwischen Ihrer Entscheidung, Auslandsgeschäfte aufzubauen, und dem ersten
Geschäftserfolg im gewählten Auslandsmarkt können zwei bis fünf Jahre verge-
hen.

Eine lange Zeit, in der Sie viel Geld für den Aufbau Ihres Auslandsgeschäftes
investieren müssen.

Je genauer Sie hierbei Ihre Exportziele (lt. 2) bzw. Ihren jährlichen Auslands-
umsatz/-erfolg (lt. 10) geplant haben, desto besser können Sie Ihre Vorgehensweise im Auslandsmarkt kontrollieren (lt. 14). Mögliche Fehlentwicklungen
lassen sich auf diese Weise rasch erkennen, und Sie können durch gezielte Maßnahmen wirkungsvoll reagieren.

Mit der laufenden Ergebniskontrolle (monatlich, quartalsweise, jährlich) und
dem hieraus abzuleitenden Soll-Ist-Vergleich (14 mit 2 bzw. 14 mit 10) bauen
Sie Ihr Auslandsgeschäft zielorientiert, systematisch und mit minimalem Risiko
auf.

Insoweit haben Sie es beim Aufbau von Auslandsgeschäften mit einem Regel-
kreis zu tun . Der ständige Vergleich der erzielten Ergebnisse mit den von Ihnen vorgegebenen Zielvorstellungen führt zu einer kritischen Überprüfung Ihrer Vorgehensweise und zu einer stetigen Anpassung/Verbesserung der ur-
sprünglich gewählten Maßnahmen.

Die notwendigen Maßnahmen für den systematischen Aufbau Ihrer Auslandsgeschäfte werden in den nachfolgenden Kapiteln beschrieben.

3

1 Zielorientierte Auslandsmarktbearbeitung

Ohne die Definition eines realistischen Zieles wird die Effizienz jeglicher Arbeit — auch der systematischen Erschließung von Auslandsmärkten — oftmals spürbar beeinträchtigt.

Mit der Festlegung eines realisierbaren Zieles können zusätzliche Kräfte mobilisiert werden, die Sie in die Lage versetzen, mehr zu erreichen als bei einem „ziellosen" Vorgehen.

Für den systematischen Auf- und Ausbau von Auslandsgeschäften können Sie entweder

— quantitative oder
— qualitative

Ziele definieren.

Quantitative Ziele

Sie geben einen mengenmäßigen Umsatz oder einen wertmäßigen Umsatz vor, der im ersten Jahr oder nach einer gewissen Anzahl von Jahren erreicht werden soll,

oder Sie orientieren Ihre Auslandsmarktbearbeitung an einem Marktanteil, der nach einer gewissen Zeit der Auslandsmarktbearbeitung erreicht werden sollte,

Sie können aber auch festlegen, welcher Anteil Ihres Gesamtumsatzes in einem oder mehreren Auslandsmärkten innerhalb einer bestimmten Zeit erwirtschaftet werden sollte usw.

Qualitative Ziele

Hier können es folgende Momente sein, die den Unternehmer zu einer intensiven Beschäftigung mit Auslandsmärkten bewegen:

4

— Minderung der Abhängigkeit von dem Konjunkturzyklus im Binnenmarkt
— Verlängerung und Ausdehnung des Produktlebenszyklusses
— Aufbau einer internationalen Marktpräsenz, um potentiellen Wettbewerbern den Markteinstieg zu erschweren
— Imageaufbau eines ,,international'' tätigen Unternehmens usw.

Unter Berücksichtigung übergeordneter langfristiger unternehmenspolitischer Zielsetzungen und nach Auswertung länderspezifischer Marktinformationen sollte es möglich sein, vor dem Hintergrund quantitativer Ziele ein qualitatives Ziel bzw. eine Ziel-Bandbreite für die bevorstehende Auslandsmarktbearbeitung zu definieren.

2 Innerbetriebliche Voraussetzungen

Ihr Erfolg in Auslandsmärkten hängt entscheidend von folgenden ,,innerbetrieblichen'' Voraussetzungen ab:

a) Stehen Sie als Inhaber, Geschäftsführer oder Marketingleiter mit vollem persönlichen Engagement hinter der Zielsetzung ,,erfolgreicher Aufbau von Auslandsgeschäften''?

b) Verfügen Sie über die notwendige Organisation zur reibungslosen Abwicklung von Auslandsgeschäften?

c) Verfügen Sie über fachlich qualifiziertes Personal?

d) Ist Ihre Produkt-/Leistungspalette exportfähig?

e) Können die erforderlichen Vorlaufkosten aufgebracht werden?

Im Zusammenhang mit diesen Fragen sind nachstehende Punkte zu prüfen:

2.1 Ist das persönliche Engagement des Managements gegeben?

Folgende Managementaufgaben sind mit dem Aufbau von Auslandsgeschäften zu lösen:

a) Definition der Export-Zielsetzung

b) Bereitstellung der benötigten Mittel für die Vorbereitungs- und Anlaufphase (2—5 Jahre!)

c) Auswahl geeigneter Auslandsmärkte

d) Schaffung der innerbetrieblichen Voraussetzungen (Personal, Organisation, Produkte)

6

e) Kontinuierliche Kontrolle der gesamten auslandsbezogenen Aktivitäten.

f) Motivation der eingesetzten Mitarbeiter

g) Persönliche Präsenz im gewählten Auslandsmarkt (Messen, Kunden, Banken usw., mindestens einmal pro Jahr!)

2.2 Die notwendige Organisationsstruktur

In einer Firma, die auf Auslandsmärkten aktiv werden will, sollten folgende organisatorischen Vorraussetzungen vorhanden bzw. geschaffen werden:

a) Definition einer geeigneten Stelle (Person, Abteilung), die alle auslandsbezogenen Aktivitäten verantwortlich durchführt bzw. koordiniert.

b) Einordnung dieser Stelle in das vorhandene Organisationsschema (Unterstellung, Überstellung, Informationsfluß usw.)

c) Bereitstellung der erforderlichen Organisationsmittel (Telex, Fax usw.)

Da Ihre Organisation in der Lage sein muß, unterschiedliche exportbezogene Aktivitäten reibungslos durchzuführen, empfiehlt es sich, eine Checkliste zu entwickeln, anhand derer Sie die Abwicklung Ihrer Auslandsgeschäfte verfolgen und überprüfen können.

2.3 Ist geeignetes Personal vorhanden?

Sprachkenntnisse und Erfahrungen in der Handhabung der erforderlichen Exporttechniken sind unerläßlich für die reibungslose Bewältigung der anfallenden Arbeiten. Darüberhinaus sind Kreativität und Flexibilität notwendige Voraussetzungen zum erfolgreichen Auf- und Ausbau von Auslandsgeschäften. Auf die Stelle, die für den Export verantwortlich ist, kommen vielfältige und schwierige Aufgaben zu, z.B.:

In der Vorbereitungsphase:
Marktforschung
Marktprognose

Checkliste zur Prüfung und Abwicklung eines Exportauftrages

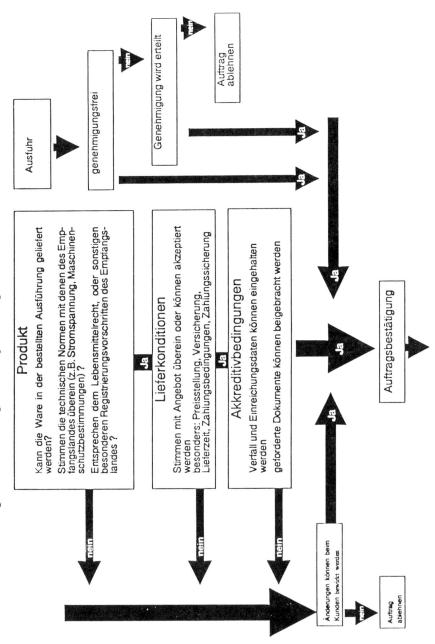

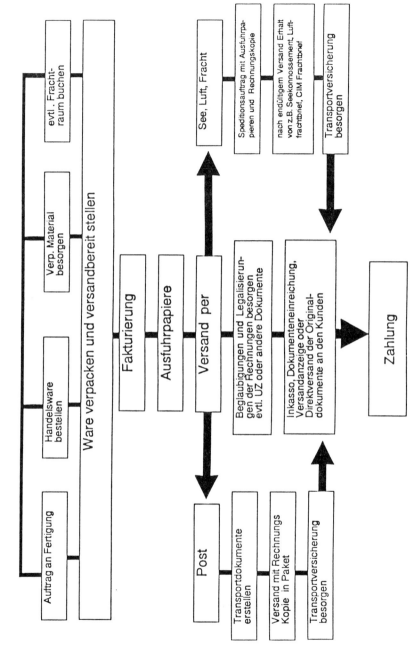

Auftrag an Fertigung

Handelsware bestellen

Verp. Material besorgen

evtl. Fracht- raum buchen

Ware verpacken und versandbereit stellen

Fakturierung

Ausfuhrpapiere

Versand per

Post

Transportdokumente erstellen

Versand mit Rechnungs Kopie in Paket

Transportversicherung besorgen

See, Luft, Fracht

Speditionsauftrag mit Ausfuhrpa- pieren und Rechnungskopie

nach endültgem Versand Ematt von z.B. Seekonnossement, Luft- frachtbrief, CIM Frachtbrief

Transportversicherung besorgen

Beglaubigungen und Legalisierun- gen der Rechnungen besorgen evtl. UZ oder andere Dokumente

Inkasso, Dokumenteneinreichung, Versandanzeige oder Direktversand der Original- dokumente an den Kunden

Zahlung

9

Produktanpassung
Werbung
Kontaktanbahnung
Preisgestaltung
Angebotsabgabe
Vertragsverhandlung
Kreditprüfung
Vertragsformulierung und -abschluß

In der Abwicklungsphase:
Auftragsabwicklung
Finanzierung
Verpackung
Versicherung
Fakturierung
Zahlungsabwicklung
Zahlungssicherung
Versand
Zollabwicklung

In der Nachbereitungsphase:
Gewährleistung
Kundendienst
Verkaufskontrolle
Kostenkontrolle
Marktpflege

Eine kompetente Besetzung der verantwortlichen Stelle ist ebenso wichtig wie eine laufende Weiterbildung durch Schulungen und Seminare.

2.4 Ist Ihre Produkt-/Leistungspalette exportfähig?

Nur wenn Ihr Produkt bzw. Ihre Dienstleistung im gewählten Auslandsmarkt begehrt oder von Nutzen ist, werden Sie Absatzchancen haben. Preis, Aufmachung und die verkaufsfördernden Maßnahmen bestimmen darüberhinaus die Marktchancen. In jedem Auslandsmarkt wird der Nutzen Ihres Produktes nach anderen Kriterien beurteilt. Sie müssen herausfinden, welche Kriterien hier maßgebend sind und wie Ihr Angebot im Ausland anhand dieser Kriterien beurteilt wird.

Im wesentlichen werden Sie überprüfen müssen:

Lebensstandard
Kaufkraft
Bildungs- und Ausbildungsniveau
Konsumgewohnheiten
Wertvorstellungen
Religiöse Gebote und Einflüsse
Staatliche Vorschriften
Technische Normen
Gültiges Maßsystem
Klima
Entfernungen
Oberflächenbeschaffenheit

Diese anderen Lebens- und Umweltbedingungen des fremden Marktes machen oftmals Veränderungen bzw. Anpassungen Ihres Produktes notwendig, die folgende Produkteigenschaften betreffen können:

Qualität:
    technische Ausführung
    stoffliche Zusammensetzung
    Funktionssicherheit
    Haltbarkeit
    Wertbeständigkeit
    technische Leistungsfähigkeit
    Betriebssicherheit

Produktgestaltung:
    Form
    Farbe
    Geruch
    Geschmack
    Verpackung
    Markierung/Etikettierung

Instandhaltung:
    Bedienungsanleitung
    Montageanleitung
    Servicefreundlichkeit
    Wartungs- und Reparaturdienst

2.5 Finanzierung der Vorlaufkosten

Der Aufbau und die Abwicklung von Exportgeschäften übersteigen üblicherweise den Aufwand, der für vergleichbare Inlandsgeschäfte erforderlich ist, beträchtlich.

In folgenden Phasen fallen Aufwendungen an, die finanziert werden müssen:

Phase 1   Vorbereitungsphase:

Informationsbeschaffung
Marktforschung
Messebesuche
Suche und Auswahl von Vertriebspartnern
Vertragsgestaltung

Phase 2   Produktionsphase:

Wareneinkauf
Produktänderungen
Anpassung der Fertigungsanlage

Phase 3   Transport:

Land-, Luft- oder Seetransport
Zwischenlagerung
Versicherung

Phase 4   Zahlungsabwicklung:

Bonitätsprüfung
Kreditversicherung
Finanzierung
Zahlungsabwicklung
Zahlungsverzögerungen

Die Erfassung der für die einzelnen Phasen erwarteten Kosten in einem Finanzplan empfiehlt sich ebenso wie die laufende Überprüfung und Anpassung dieses Planes. Auf diese Weise schützen Sie sich vor Überraschungen, die in vielen beobachteten Fällen zur vorzeitigen Aufgabe der Auslandsaktivitäten geführt haben.

3 Auswahl von Exportmärkten

Sie haben festgestellt, daß Ihr Unternehmen in der Lage ist zu exportieren. Ihr Personal verfügt über die erforderlichen Fachkenntnisse für die Export-Abwicklung, und es sind im Unternehmen Sprachkenntnisse vorhanden. Im Export aktiv sein — das bedeutet Zielmärkte feststellen und erschließen. Bei der Auswahl von Exportmärkten gehen Sie systematisch vor:

a) Welche firmeninternen Möglichkeiten stehen Ihnen ohne weiteren Investitionen zur Verfügung?

   Beispiel: Sprachkenntnisse, besondere Erfahrungen, etc.

b) Wo wird Ihr Produkt benötigt?

   Beispiel: Industriebereiche, Verbrauchergewohnheiten, Geschmack, etc.

Lassen sich a) und b) ohne weiteres zusammenbringen, so ist die erste Hürde genommen.

Beispiel: Sie stellen Werkzeugmaschinen für die Möbelindustrie her. Ihr Exportleiter spricht französisch. Interessant sind für Sie also alle Länder, die eine starke Möbelindustrie haben und wo man Deutsch oder Französisch spricht: Österreich, Frankreich, Belgien, Niederlande, etc.

Die von Ihnen ausgewählten Märkte werden jetzt detailliert überprüft. Dabei sind bestimmte Kriterien und eine systematische Reihenfolge zu beachten. Bei der Auswertung der Ergebnisse können die einzelnen Exportmärkte in eine bestimmte Rangordnung gebracht werden.

3.1. Auswahlkriterien

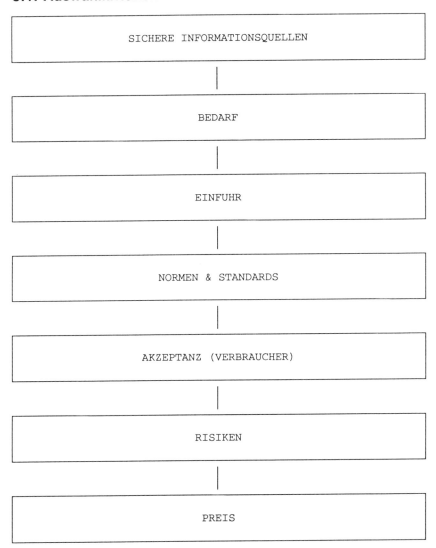

Eine Bewertungstabelle für Exportmärkte, die Ihnen helfen wird Markterschließungsmaßnahmen einzuleiten, finden Sie auf Seite 27.

15

3.1.1 Informationsquellen

Informationen stellen bei der Auswahl von Exportmärkten die Grundlage für Ihre unternehmerische Entscheidung dar. Informationen müssen daher zuverlässig und gesichert sein. Teilweise verwenden Sie diese Informationsstellen auch in der Markforschung (Desk research, field research). Gehen Sie bei der Informationsbeschaffung so kostengünstig wie möglich vor:

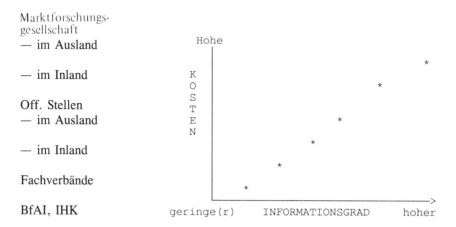

Marktforschungs-
gesellschaft
— im Ausland

— im Inland

Off. Stellen
— im Ausland

— im Inland

Fachverbände

BfAI, IHK

Hohe

KOSTEN

geringe(r)   INFORMATIONSGRAD   hoher

Industrie- und Handelskammer

Mehr als 50 Industrie- und Handelskammern stehen Ihnen mit dem Informationsangebot der Außenhandelsabteilung zur Verfügung. Die dort vorliegenden Informationen stammen von den deutschen Auslandshandelskammern und Delegierten der deutschen Wirtschaft aus mehr als 42 Ländern, aus der Fachpresse, von der Bundesstelle für Außenhandelsinformation BfAI, vom Deutschen Industrie- und Handelstag DIHT und aus eigenen Kontakten.

Täglich wertet die Außenhandelsabteilung Ihrer IHK die deutsche und internationale Fachpresse, offizielle Mitteilungen der Behörden der EG, Mitteilungsblätter der Verbände und viele andere außenhandelsbezogene Publikationen für ihr Archiv aus.

Jedes Kammermitglied (also jeder, der ein Gewerbe angemeldet hat) hat Zugang zu diesen Informationen. Auskünfte sind kostenlos, Publikationen werden ausgeliehen und Fotokopien mit einer geringen Gebühr in Rechnung gestellt. Ihre Industrie- und Handelskammer sollte daher immer der erste Ansprechpartner sein.

Bundesstelle für Außenhandelsinformation BfAI

Postfach 10 80 07,
5000 Köln 1
Tel.: 0221 - 20 57-1, Telex: 8 882 735 bfa d, FAX: 0221-2057-212

Als Bundesbehörde verfügt die BfAI über Länder-, Wirtschafts-, Rechts- und Branchenpublikationen. Diese Informationen liegen in gedruckter Form vor und können von Interessenten bestellt oder abonniert werden. Einen kompletten Publikationsspiegel erhalten Sie auf Anforderung von der BfAI kostenlos.

Die Informationen der BfAI stammen aus offiziellen Veröffentlichungen einzelner Länder, von den deutschen Botschaften und Konsulaten im Ausland und von eigenen Korrespondenten. Im einzelnen werden Publikationen zu folgenden Themen veröffentlicht: Wirtschaftsdaten aktuell, Wirtschaftslage, Wirtschaftsentwicklung, Wirtschaftssektoren, Forschung und Technologie, Länder-Kurzmerkblätter, Kontaktanschriften, Außenhandelsvorschriften, Zoll-, Wirtschafts- und Steuerrecht, Branchenbilder. Soweit die BfAI in den Zielländern über eigene Korrespondenten verfügt, sind diese Daten sehr aktuell. Bei ,,exotischen'' Ländern liegen die Berichte zum Teil einige Jahre zurück.

Fachverbände

Wenn Sie Mitglied in einem Fachverband sind, so erhalten Sie von dort produktspezifische Informationen über Auslandsmärkte. Ihr Fachverband informiert Sie auch über Normen und Standards im Ausland.

Ausländische Handelsförderungsstellen in der Bundesrepublik

Eine Reihe von Ländern unterhalten eigene Handelsförderungsstellen oder Auskunftsstellen bei ihren Botschaften in der Bundesrepublik. Von dort können Sie eine Reihe von periodisch erscheinenden Wirtschaftsnachrichten beziehen. Zwar sollen diese Stellen hauptsächlich Exporte der vertretenen Länder in die Bundesrepublik fördern, trotzdem sind die Publikationen interessant und geben oft Aufschluß über Industriezweige und Marktsituationen. Einige, wie zum Beispiel die JETRO (Japan) sind auch deutschen Exporteuren bei der Suche nach Importpartnern im Zielmarkt behilflich. Anschriften dieser Stellen und Art der Dienstleistungen sind in der BfAI Publikation No. 25.114.85.000 veröffentlicht, die zum Preis von ca. DM 10,00 bezogen werden kann.

Deutsche Auslandshandelskammern (AHK)

In 42 Ländern bestehen deutsche Auslandshandelskammern. Dabei handelt es sich um unabhängige Einrichtungen, die Auskünfte und Publikationen in der Regel zu einem festen Preis anbieten. Über Angebot und Anschriften der deutschen Auslandshandelskammern informiert Sie Ihre IHK.

Handelsförderungsstellen bei deutschen Botschaften im Ausland

In den Ländern Osteuropas und einer Reihe von Staatshandelsländern gibt es keine deutschen Auslandshandelskammern. Für die Beratung und Information deutscher Unternehmer wurden dort bei den Botschaften Handelsförderungsstellen eingerichtet. Die jeweilige Anschrift und den Ansprechpartner erfahren Sie von Ihrer Industrie- und Handelskammer.

Statistisches Bundesamt

Gustav-Stresemann-Str. 11
6200 Wiesbaden 1
Tel.: 06121 - 75 24 75, Tlx.: 4186511, FAX: 06121 - 75 34 25

Das statistische Bundesamt veröffentlicht die Aus- und Einfuhrzahlen der Bundesrepublik. In unterschiedlichen Fachreihen erhalten Sie die Zahlen aufgeschlüsselt nach Produkten, Ländern, Ländergruppen, Jahren, Monaten, usw. Die Produkte sind nach dem Warenverzeichnis für Außenhandelsstatistik (= Harmonisiertes System) gegliedert.

Die Veröffentlichungen sind zu beziehen über

W. Kohlhammer Verlag
Philipp-Reis-Straße 3
6500 Mainz 42

Aber auch Fragen nach Statistiken anderer Länder können teilweise beantwortet werden. Hier lohnt sich immer eine Anfrage an das statistische Bundesamt. Die Auskünfte sind kostenlos.

Banken

Die meisten Handelsbanken besitzen eigene Niederlassungen oder Repräsentanzen im Ausland. Von Ihrer Hausbank können Sie im Rahmen des Kundendienstes Informationen über solche Länder erhalten. Am besten fordern Sie von Ihrer Hausbank ein Verzeichnis der Auslandsaktivitäten an.

3.1.2. Auslandsmessen als Informationsquellen

Auslandsmessen bieten für den deutschen Unternehmer die beste Möglichkeit, direkt im Land Informationen zu sammeln und mit Fachleuten aus der gleichen Branche zu sprechen. Dem stehen in der Regel hohe Messe- und Reisekosten entgegen. An einer Reihe von Fachmessen beteiligen sich die Bundesrepublik und/oder die Bundesländer mit eigenen Gemeinschaftsständen. Diese Messen sind kostengünstiger, bzw. bezuschußt. (Einzelheiten siehe Kapitel 9)

Wer informiert worüber?

Stichwort	Informationsstelle
Absatzwege	IHK BfAI Hausbank Fachverband Deutsche Auslandshandelskammer Ausländ. Handelsförderungsstellen
Ausfuhrstatistik	IHK Fachverband Statistisches Bundesamt
Außenhandelsvorschriften	IHK Hausbank Fachverband Dt. Auslandshandelskammer
Branchenbilder	IHK BfAI Fachverband

19

Stichwort	Informationsstelle
Devisenvorschriften	IHK Hausbank Dt. Auslandshandelskammer
Einfuhrstatistik	Statistisches Bundesamt Dt. Auslandshandelskammer
Investitionen	IHK Hausbank Dt. Auslandshandelskammer Ausld. Handelsförderungsstelle
Kontaktadressen	BfAI Hausbank Handelsförderungsstellen Dt. Auslandshandelskammer
Mentalität	BfAI IHK Hausbank Dt. Auslandshandelskammer
Messen mit Gemeinschafts- ständen	IHK
Niederlassungsrecht	IHK BfAI Handelsförderungsstelle Dt. Auslandshandelskammer
Normen	Fachverband Dt. Auslandshandelskammer
Produktionsstatistik	Stat. Bundesamt Dt. Auslandshandelskammer
Reisevorschriften	IHK Reisebüro
Standards	Fachverband Dt. Auslandshandelskammer

Stichwort	Informationsquelle
Steuerrecht	IHK BfAI Handelsförderungsstellen Dt. Auslandshandelskammer
Vertragsgestaltung	IHK Fachverband
Vertretersuche	Dt. Auslandshandelskammer
Volkswirtschaft	IHK BfAI Dt. Auslandshandelskammer Handelsförderungsstellen
Wirtschaftsrecht	IHK BfAI Dt. Auslandshandelskammer

Die Reihenfolge der angegebenen Informationsstellen entspricht dem Kostenaufwand. (siehe Abb. unter 3.1.1.)

3.2 Gesetzliche Vorschriften

Bevor Sie eine aufwendige Marktstudie in Auftrag geben, eine Reise unternehmen oder Marketingstrategien für ein bestimmtes Land entwickeln, sollten Sie prüfen, ob Sie Ihre Produkte aus der Bundesrepublik ausführen und/oder in den Zielmarkt einführen können.

3.2.1 Ausfuhrvorschriften der Bundesrepublik Deutschland

Obwohl das Außenwirtschaftsgesetz der Bundesrepublik liberal ist, so bestehen doch einige Beschränkungen im Bereich strategisch wichtiger Güter und Produkte. Diese Beschränkungen sind im allgemeinen unter dem Begriff „COCOM-Liste" bekannt. Mitglieder im COCOM (Koordinierungskomitee für Ost-West-Handel) sind praktisch alle westlichen Bündnispartner, einschließlich Japan. Aufgrund dieser Bestimmungen soll verhindert werden, daß strategisch wichtige Güter in den Machtbereich kommunistisch regierter Staaten und in Krisengebiete gelangen. Dazu gehören unter anderem: Computer, elektronische Produkte, NC- oder CNC-Werkzeugmaschinen, Waffen, usw. Die Ausfuhrbeschränkung ist von technischen Kennwerten der Produkte abhängig. Die Produkte sind in der Ausfuhrliste, Anlage zur Außenwirtschaftsverordnung aufgeführt. Die Liste und die AWV kann bei der IHK eingesehen werden. In Zweifelsfällen ist beim Bundesamt für Wirtschaft (BAW) in Eschborn Auskunft einzuholen. Um Umgehungstransporte zu verhindern, gelten die Beschränkungen produktabhängig grundsätzlich für alle Exportmärkte. Wegen der Veränderung in der politischen Landschaft Osteuropas ist mit einer gewissen Liberalisierung bei diesen Vorschriften zu rechnen.

3.2.2 Einfuhrvorschriften anderer Länder

Grundsätzlich gilt: Je weniger entwickelt ein Land ist, umso stärker werden Einfuhren zum Schutz der nationalen Industrie kontrolliert. Daraus resultieren Einfuhrlizenzen, Einfuhrgenehmigungen und Einfuhrverbote. Auskünfte erteilen die Industrie- und Handelskammern, denen die Einfuhrvorschriften der meisten Länder vorliegen, die BfAI, die deutschen Auslandshandelskammern, Repräsentanzen deutscher Banken im Ausland, Fachverbände, Handelsförderungstellen und letztlich die Zollverwaltung im Ausland. Bestehen bereits Kontakte zu Firmen auf dem Exportmarkt, so werden Sie von dort diese Informationen am leichtesten erhalten.

Die Länder, die Einfuhrlizenzen, bzw. Einfuhrgenehmigungen vorschreiben, sind in der Anlage A aufgeführt.

3.3 Absatzpotential

Bevor Sie die gesetzlichen Vorschriften prüfen, müssen Sie feststellen, ob in dem von Ihnen ausgewählten Exportmarkt Bedarf und/oder Nachfrage nach Ihren Produkten besteht.

Auf den Märkten der westlichen Industriestaaten läßt sich Bedarf mit Nachfrage gleichsetzen. Anders hingegen in sozialistischen Entwicklungsländern und Staatshandelsländern. Auf diesen Märkten wird die Nachfrage durch politische Zielsetzung, Devisenbeschränkungen und wirtschaftlichen Dirigismus gesteuert. Hier gelten grundsätzlich andere Gesetze der Bedarfs-/Nachfrageermittlung. Die Entwicklung in den osteuropäischen Ländern führt zu einer veränderten Marktsituation. Mehr Transparenz = Mehr Konkurrenz.

Welche Hilfsmittel stehen bei der Bedarfsfeststellung in westlich orientierten Industrie-, Entwicklungs- und Schwellenländern zur Verfügung:

a) Wirtschafts- und Marktberichte

b) Ausfuhr- und Produktionsstatistik

c) Messeprogramme

d) Marktstudien/ Absatzmarktforschung

3.3.1 Normen und Standards

Reinheitsgebot für Bier, VDE-Vorschriften, TÜV-Abnahme und vieles mehr ist Ihnen aus dem täglichen Umgang mit dem deutschen Markt ein Begriff. Tatsächlich gehört die Bundesrepublik zu einem der Länder mit den meisten Normen und Sicherheitsstandards. Diese Normen haben sich auch in anderen Ländern im Laufe von Jahren, zumeist aus Sicherheitsaspekten heraus, entwickelt und wirken sich gegenüber Importen als ,,nicht-tarifäre Handelshemmnisse'' aus. Bei einer Reihe von Ländern kann man aber auch feststellen, daß solche Normen und Standards eigens zum Schutz der heimischen Industrie geschaffen wurden. Was immer auch die Beweggründe für solche Normen und Standards sind — als Unternehmer müssen Sie sich genau darüber informieren.

Besonders viele Vorschriften gibt es im Lebensmittelrecht aller Länder. Davon erfaßt werden auch Kosmetika und solches Spielzeug, das mit der Haut, bzw. den Schleimhäuten von Kindern in Berührung kommen kann.

Wenn das von Ihnen hergestellte und für den Export bestimmte Produkt in der Bundesrepublik bestimmten Normen, Standards und/oder Abnahmeprüfungen unterliegt, ist auch im Ausland damit zu rechnen. Allerdings werden bestimmte Auflagen anderer Länder bereits durch die deutschen Normen erfüllt.

Beispiel:

Sie wollen elektrische Heizlüfter nach USA verkaufen. Selbstverständlich sind diese für 110 V / 60 Hz auszulegen. Darüberhinaus müssen für die Verkabelung bestimmte Querschnitte und Farben verwendet werden. Ferner ist ein UL- Approval (Underwriters Laboratories) erforderlich.

23

Sie prüfen: Lassen sich die Heizlüfter in US-Version herstellen und stehen die Kosten für die Produktionsänderung und Abnahmeprüfung in einem akzeptablen Verhältnis zu den erwarteten oder geplanten Umsätzen? Können Heizlüfter in der US-Version eventuell auch auf dem deutschen Markt oder in anderen Ländern verkauft werden?

3.3.2 Sonstige Bewertungskriterien

a) Akzeptanz / Verbrauchergewohnheiten

Das Verbraucherverhalten spielt nicht nur bei Konsumgütern, sondern ebenso bei Investitionsgütern, Produktionsmitteln und allen Geräten und Bedarfsartikeln im gewerblichen Bereich eine große Rolle.

Grundsätzliche Informationen erhalten Sie durch Überprüfung der Mentalität, Religion, Gesellschaftsform, Bildungs- und allgemeiner Ausbildungsstand, Qualitätsstandards in der Industrie, usw.. Einige Beispiele sollen dies verdeutlichen:

Beispiele

Arabische Märkte:

Nach dem Koran sind Abbildungen von Menschen und Tieren verboten. Die Farbe Grün ist die Farbe des Propheten und daher der Religion vorbehalten. Keine Chance also in orthodoxen arabischen Ländern für grüne Seife in Form von Puppen, Menschen oder Tieren.

Asiatische Märkte, besonders Japan:

Heckenscheren deutscher Qualität sind robust, stabil und mit Metallgehäuse gefertigt. Japanische Heckenscheren besitzen ein Kunststoffgehäuse. Trotz der starken Nachfrage, die in Japan nach deutschen und europäischen Qualitätserzeugnissen herrscht, lassen sich deutsche Heckenscheren dort nicht gut absetzen. Grund: Der japanische Durchschnittsmensch ist kleiner und zierlicher als der Europäer. Dadurch ist er nicht in der Lage, die robusten, aber auch relativ schweren deutschen Heckenscheren längere Zeit zu halten und zu führen.

Um über Verbraucherverhalten und Akzeptanz präzise Informationen zu erhalten, muß das Exportprodukt mit gleichen oder gleichartigen Produkten verglichen werden, die im Land hergestellt oder dort bereits mit Erfolg verkauft werden. (Testkäufe)

b) Risiken

Im Exportgeschäft kommen viele Risiken zu den üblichen Geschäftsrisiken hinzu. Diese sind im wesentlichen: Politisches Risiko, wirtschaftliches Risiko, Rechtsrisiko.

Wenn sich diese Risiken im untersuchten Zielmarkt nicht abwälzen oder wesentlich mindern lassen, muß man auf andere Märkte ausweichen.

Banken, die deutschen Auslandshandelskammern, der HERMES (siehe Auftragsabwicklung) und die deutschen Botschaften können Ihnen in der Risikoeinschätzung im Ausland weiterhelfen.

c) Preise

Um die Preissituation im Zielmarkt beurteilen zu können, ist das Angebot der nationalen und internationalen Konkurrenz zu untersuchen. Bei Konsumgütern kann man dies teilweise durch Testkäufe feststellen. Bei Produktions- und Investitionsgütern muß entweder eine Marktforschungsgesellschaft beauftragt werden, oder Sie beziehen die Informationen von interessierten Abnehmern. (siehe Kalkulation Kapitel 10.2)

Für die systematische Untersuchung des Zielmarktes entwerfen Sie ein Bewertungsschema. Nachstehendes Muster soll die Vorgehensweise nur beispielhaft und in stark verkürzter Form beschreiben. Der ideale Markt wird dadurch gekennzeichnet, daß er sich ohne Produktänderung, mit vorhandenen Mitteln und ohne wesentlichen Kosteneinsatz erschließen läßt. Eine solchen Markt kann man mit 0 Punkten bewerten, da sich bei der Erschließung keine Hindernisse ergeben. Je mehr Punkte einem Markt zugeordnet sind, umso schwieriger und kostenintensiver gestaltet sich seine Erschließung.

3.4. Informationsauswertung

Kriterien	Punkte

Bedarfsprüfung

Hoher Bedarf	0
Mittlerer Bedarf	5
kein, oder geringer Bedarf	20

Einfuhr

liberalisiert	0
Einfuhrgenehmigung	5
Einfuhrverbot	100

Normen & Standards

keine Produktänderung erforderlich	0
Änderung mit mittlerem Kostenaufwand	5
Änderung nur mit hohem Kostenaufwand	30

Akzeptanz

entspricht deutschem Markt	0
geringfügige Abweichungen	5
weitgehend abweichend	30

Preis

niedriger oder gleich Konkurrenz	0
geringfügig höher als Konkurrenz	5
erheblich höher als Konkurrenz	20

Die so erhaltene Punktezahl wird in eine Bewertungstabelle übertragen:

Bewertungstabelle

PRODUKT:		LAND:	STAND:
	Punkte	| Information erhalten von:	
Bedarf		| Bedarf	
Einfuhr	+	| Einfuhr	
Normen	+	| Normen	
Standards	+	| Standards	
Akzeptanz	+	| Akzeptanz	
Preis	+	| Preis	
Gesamt:	= _____	|	

ENTSCHEIDUNG:

ERNEUTE PRÜFUNG BEI FOLGENDEN SACHVERHALTEN:

Anfragen aus dem Exportmarkt - Änderung Einfuhrvorschriften - Änderung der Preise - Änderung des Bedarfs - Akzeptanz - Änderungen am Produkt (*nicht zutreffendes streichen*)

LAUFENDE ÜBERWACHUNG/INFORMATIONSBESCHAFFUNG ZUM THEMA:

Einfuhrvorschriften - Preise - Bedarfssituation - Normen und Standards - Akzeptanz (*nicht zutreffendes streichen*)

ZUSTÄNDIGER SACHBEARBEITER:

Selbstverständlich werden Sie Ihre Entscheidung differenziert treffen. Als Anhaltspunkt gilt:

Gesamtpunkte	Entscheidung

0—5	Ein theoretisch leicht zu erschließender Markt. Weitere Maßnahmen zur Abnehmersuche können eingeleitet werden.
10—25	Der Markt läßt sich mit relativ geringem Kosteneinsatz erschließen. Wenn keine Märkte mit einer geringeren Punktezahl festgestellt wurden, können weitere Maßnahmen zur Markterschließung eingeleitet werden.
30—60	Eine Markterschließung ist nur sinnvoll, wenn sich in absehbarer Zeit Änderungen im Markt ergeben, die zu einer Umsatzsteigerung führen und den Kostenaufwand rechtfertigen.
65—	Eine Markterschließung zum jetzigen Zeitpunkt ist nicht sinnvoll. Die kritischen Punkte müssen überwacht werden. Bei Änderungen ist eine Neueinschätzung des Marktes vorzunehmen.

Muster Bewertungsland „X"

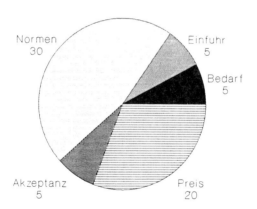

Hohe Kosten wegen Produktanpassung (Normen)
+
schwierige Preissituation gegenüber Konkurrenz
+
mittlerer Bedarf und Einfuhrgenehmigung
=
geringer Umsatz / geringe Rendite

4 Vertriebswege im Ausland

Die Vertriebswege für ein Produkt festzulegen heißt, die Vertriebspartner zu bestimmen, die an der Weiterleitung Ihres Produktes bis hin zum Endverbraucher beteiligt sein sollen.

Zwischen folgenden grundsätzlichen Vertriebswegen können Sie in der Praxis auswählen:

— indirekter Export

— direkter Export

— Joint-Venture

— Lizenzvergabe

— Vertriebsniederlassung im Ausland

Welcher Vertriebsweg ist nun der günstigste für Sie?

Die Entscheidung für den einen oder anderen Weg hängt von verschiedenen Faktoren ab, die Sie zunächst überprüfen sollten:

Voraussetzungen im eigenen Unternehmen:
— liegen bereits Exporterfahrungen vor?
— sind die organisatorischen Voraussetzungen für die Durchführung von Exporten vorhanden?
— welche Mittel stehen für den Aufbau des Exportgeschäftes zur Verfügung?

Voraussetzungen beim Exportprodukt:
— Handelt es sich um ein Konsum- oder um ein Investitionsgut?
— In welchem Maße ist es erklärungsbedürftig?
— Ist ein technischer Service notwendig?
— Gibt es einen Patentschutz?
— Besteht die Möglichkeit der Produktion im ausländischen Markt?

Voraussetzungen bezüglich des Auslandsmarktes:
— Gibt es einen Bedarf für das Exportgut?
— Wie ist die Konkurrenzsituation?
— Welche Vertriebsmöglichkeiten stehen traditionell zur Verfügung?
— Welche Einfuhrvorschriften bestehen?
— Gibt es besondere technische Vorschriften?
— Welches sind die sonstigen spezifischen Eigenheiten des Auslandsmarktes (politische Verhältnisse, Recht, Infrastruktur, Geschäftssitten usw.)?

4.1 Indirekter Export — die einfachste Art zu exportieren!

Indirekt heißt — Sie exportieren nicht selbst, sondern überlassen den Absatz Ihrer Produkte auf dem Auslandsmarkt einem heimischen Unternehmen, welches sich auf die Bearbeitung dieses Marktes spezialisiert hat.

Vorrangig bieten sich hier sogenannte Export-Handelshäuser an.

Anschriften dieser Handelshäuser erhalten Sie von dem
Bundesverband des Deutschen Exporthandels e.V.
Gotenstraße 21, 2000 Hamburg 1

Welche Vorteile bietet für Sie der indirekte Export?
— Sie verkaufen die für den Export bestimmte Ware an ein geeignetes deutsches Export-Handelshaus

— Das richtig ausgewählte Handelshaus verfügt über langjährige Erfahrung im betreffenden Markt und ist hier mit den spezifischen Problemen gut vertraut

— Es handelt sich um ein reines Inlandsgeschäft, welches nach deutschem Recht abgeschlossen wird. Für Sie entfallen

Marktforschung im Ausland
Geschäftsanbahnung mit ausländischen Geschäftspartnern
Bonitätsprüfung
Risikoabsicherung
Durchführung der Exportlieferungen
Finanzierung des ausländischen Zahlungsziels
Zahlungsabwicklung mit ausländischen Geschäftspartnern

— Das Handelshaus handelt auf eigene Rechnung und auf eigenes Risiko, d.h. das gesamte Auslandsrisiko trägt das Handelshaus. Üblicherweise werden Ihnen seitens des Handelshauses keine Kosten oder Honorare für die Abwicklung des Auslandsgeschäftes in Rechnung gestellt.

Diesen Vorteilen stehen folgende Nachteile gegenüber:

— Suche und Auswahl des richtigen Handelsunternehmens sind oftmals schwierig, besonders wenn Ihr Exportprodukt sehr unter Konkurrenzdruck steht.

— Sie sind von den Auslandskontakten und von den Verkaufserfolgen des Außenhandelsunternehmens abhängig.

— Zusätzliche Handelsgewinne verbleiben beim Handelsunternehmen.

— Sie bekommen keinen direkten Kontakt zum Markt und zum Abnehmer. Eine marktorientierte Weiterentwicklung des Produktes ist daher nur schwer möglich.

— Da Sie in Auslandsmärkten nicht direkt präsent sind, ist es nicht möglich, ein eigenes Firmen-Image in diesem Markt aufzubauen.

4.2. Direkter Export — die übliche Art zu exportieren

Direkt heißt, daß Sie alle für den erfolgreichen Export notwendigen Aktivitäten selbst durchführen und daß Sie das Exportgut direkt an im Ausland ansässige Unternehmen verkaufen und zwar an:

Importeure
Händler
Endabnehmer

Sie müssen also alle auf den Seiten 1-2 dargestellten Schritte (Punkt 1-14) selbst durchführen und alle hiermit verbundenen Risiken selbst tragen bzw. absichern.

Im Auslandsmarkt schalten Sie in Abhängigkeit vom Exportprodukt und Ihren bisherigen Exporterfahrungen meist einen der nachfolgenden Vertriebspartner ein:

Vertreter
Händler
eigene Vertriebsmitarbeiter

Näheres hierzu ist in Kapitel 5 dargestellt.

4.3 Joint Venture — eine beliebte Variante in Entwicklungs- und Staatshandelsländern

Zusammen mit einem ausländischen Vertragspartner gründen Sie ein gemeinschaftliches Unternehmen.

Seitens Ihres Auslandspartners werden üblicherweise die Produktionsstätte und das notwendige Personal zur Verfügung gestellt.

Sie bringen in das Gemeinschaftsunternehmen üblicherweise Ihr Produktions-Know How, Ihre Vertriebskontakte sowie eventuell spezielle Maschinen mit ein.

Die Vorteile eines derartigen Joint Venture sind:

Für den deutschen Partner:
— Möglichkeit des Zugangs zum betreffenden Auslandsmarkt
— Ausnutzung des günstigeren Lohnkostenniveaus
— Erschließung von Absatzmärkten, zu denen vom heimischen Markt nur schwer Zugang gefunden werden kann

Für den ausländischen Partner:
— die Möglichkeit, Produkte zu erhalten, die aufgrund der Devisenknappheit kaum importiert werden können
— die Möglichkeit, das Produktions-Know How zu erlangen
— die Nutzung spezieller Maschinen, Werkzeuge usw.
— Devisen aus dem Export der Gemeinschaftsprodukte zu erzielen

4.4 Lizenz-Vergabe — nicht Produkte, sondern Know How exportieren!

Sie exportieren keine Produkte, sondern Ihr patentrechtlich geschütztes Know How. Ihr ausländischer Vertragspartner erhält mit dem Lizenzvertrag das Recht, die Produktion und den Vertrieb des Lizenproduktes in eigener Regie durchzuführen. Als Gegenleistung zahlt er in der Laufzeit des Lizenzvertrages die festgelegten Lizenzgebühren.

Welche Gründe sprechen für bzw. gegen einen Export von Know How?

Vorteile:

Sie erreichen auf diese indirekte Weise Märkte

— zu denen Sie aufgrund hoher Transportkosten oder stark unterschiedlicher Produktionskosten normalerweise kaum Zugang finden

— die aufgrund von Devisenknappheit nicht in der Lage sind, Ihre Produkte einzuführen

— die aufgrund von Arbeitslosigkeit und anderen wirtschaftlichen Problemen die Einfuhr Ihrer Produkte mit hohen Einfuhrabgaben belasten

Produktionsverfahren, Werkzeuge und Maschinen, die im heimischen Markt aufgrund des technischen Fortschrittes nicht mehr angewendet werden können. lassen sich auf diese Weise oftmals noch verwerten.

Nachteile:

— Die Einhaltung vertraglich vereinbarter Lizenzregelungen (Lizenzgebühr, Exportverbot in definierte Länder usw.) kann meist nur schwer überwacht werden

— die Durchsetzung von vertraglichen Lizenz-Ansprüchen auf rechtlichem Wege ist häufig wenig erfolgreich.

4.5 Vertriebsniederlassung im Ausland

Häufig begegnen Kunden importierten Produkten mit einer gewissen Skepsis, speziell wenn das importierte Produkt aus weit entfernten Ländern kommt.

Gründe für diese Skepsis können sein:

— Unliebsamer Aufwand bei der technischen Abwicklung der Importe
— Mangelndes Vertrauen gegenüber der Lieferfirma, die nicht ,,greifbar'' ist
— Vermeintliche Serviceprobleme

Derartige ,,Voreingenommenheiten'' sind speziell bei US-Kunden häufig zu beobachten.

Um interessante Absatzchancen deswegen nicht scheitern zu lassen, entscheiden sich Unternehmen aus diesem aber auch aus unterschiedlichen anderen Gründen zur Gründung einer Vertriebsniederlassung im Exportmarkt.

Vorteile einer Vertriebsniederlassung:

— Ausschaltung von Voreingenommenheiten gegenüber ,,Importprodukten''

— Möglichkeiten zur Teilnahme an öffentlichen Ausschreibungen (sind häufig an das Vorhandensein eines Geschäftssitzes im betreffenden Land gebunden)

— größere Markt-/Kundennähe

— Umgehung von staatlichen Handelshemmnissen gegenüber Importprodukten

Welche marktspezifischen Besonderheiten müssen Sie bei der Gründung einer Vertriebsniederlassung berücksichtigen?

— Investitions- und Kapitalbestimmungen
— Gesellschaftsrecht
— Arbeits- und Sozialrecht
— Steuerrecht
— Wettbewerbsrecht

5 Händler- und Handelsvertreter im Ausland

Sie haben sich für den direkten Export (vgl. Seite 31) Ihrer Produkte in einem definierten Auslandsmarkt entschlossen.

Für den Aufbau der notwendigen Kundenkontakte sowie für die laufende Betreuung dieser Kunden ist es notwendig, einen geeigneten Vertriebspartner im Auslandsmarkt einzuschalten.

Grundsätzlich können Sie hierbei verschiedene Wege gehen:

1. Einsatz eines eigenen Vertriebsmitarbeiters
2. Einschaltung eines Vertreters
3. Zusammenarbeit mit einem Händler *)
4. Kombination von 2. mit 3.

5.1 Unterscheidungsmerkmale

Eigener Mitarbeiter

— Angestellter mit Arbeitsvertrag
— bezieht Gehalt + erfolgsabhängige Provision
— arbeitet weisungsgebunden
— nur für 1 Unternehmen tätig

Vertreter

— selbständiger Gewerbetreibender, der in fremdem Namen und auf fremde Rechnung Geschäfte vermittelt
— erhält erfolgsabhängige Provision

---

*) diesem Oberbegriff „Händler" können auch folgende weitere Vertriebspartner untergeordnet werden: Großhändler, Alleinhändler, Eigenhändler, Importeur, Warenhauskonzern, Versandhaus-Unternehmen.

35

- bedingt weisungsgebunden
- meist für mehrere (4—5) Unternehmen tätig

Händler

- selbstständiger Gewerbetreibender, der in eigenem Namen und auf eigene
  Rechnung Ihre Produkte kauft und verkauft
- kalkuliert Handelsaufschlag
- nicht weisungsgebunden
- für mehrere Unternehmen tätig

5.2 Einsatzbereiche

Eigener Mitarbeiter

- wenn eine sehr enge persönliche Betreuung des Kunden erforderlich ist
- wenn ausländischer Markt bereits durch Vertreter erschlossen und Kosten-/
  Nutzen-Verhältnis für Vertreter schlechter als für den eigenen Mitarbeiter
  ist

Vertreter

- für erklärungsbedürftige Produkte mit relativ kleinem Kundenkreis
- wenn aktive Kundenansprache/-betreuung erforderlich ist

Händler

- für Konsum- u. Investitionsgüter mit einem breiten Markt
- für serviceintensive Produkte

5.3 Vorteile / Nachteile

Eigener Mitarbeiter

- intensive Kundenbetreuung möglich
- gute Steuerbarkeit

— bei Kündigung kein Ausgleichsanspruch
— hohe fixe Kosten

Vertreter

— meist in der Branche gut eingeführt
— Provision fällt nur bei ,,Erfolg`` an
— proportionale Kosten sind leicht kalkulierbar
— bedingt steuerbar
— oftmals Ausgleichsanspruch bei Kündigung

Händler

— verfügt meist über gute eigene Vertriebs- u. Serviceorganisation
— kein Einfluß auf Verkaufspreis
— relativ schlechte Steuerbarkeit

5.4 Übliche Bezeichnung im Ausland

Vertreter:

Agent
Commercial Agent
Handelsagent
Agente
Agente Commercial
usw.

D.h. der ,,klassische`` freie Handelsvertreter führt im Ausland in irgendeiner Weise die Bezeichnung ,,AGENT``.

Es kommen aber auch andere Bezeichnungen vor, wie zum Beispiel:

Representante de Comercio
VRP

Vorsicht: Wenn die Bezeichnung ,,AGENT`` in der Benennung des Vertreter nicht auftaucht, handelt es sich meist um eine Sonderform, die rechtlich in besonderer Weise behandelt wird (Kündigungsschutz, Anspruch auf Sozialleistungen usw.).

Händler:

Distributor
Distributeur
Dealer
Mercante
Comerciante
usw.

6 Auswahl ausländischer Vertriebspartner

Eigene Vertriebsmitarbeiter, Vertreter oder Händler, Importeur oder Warenhauskonzern — wie finden Sie heraus, welches der richtige Vertriebspartner für Sie ist?

Soweit Sie über keine oder geringe Auslandserfahrungen verfügen und nicht gerade Österreich oder die deutschsprachige Schweiz als Zielland gewählt haben, wird davon abgeraten, einen eigenen Vertriebsmitarbeiter zu engagieren.

Warum?

— hohe fixe Kosten von Anfang an
— Schwierigkeiten bei Suche und Auswahl eines branchen- und landeserfahrenen dort ansässigen, aber deutsch sprechenden Mitarbeiters
— Problem bei Einsatz, Steuerung und Überwachung über die große Distanz

Wenn Sie nicht besondere Gründe haben, sollten Sie also zunächst nicht einen eigenen Vertriebsmitarbeiter im Ausland beschäftigen.

Welchen der übrigen Vertriebspartner sollten Sie auswählen?

6.1 Definition des Anforderungsprofils

Stellen Sie zunächst zusammen, welche Bedingungen der für Sie ideale Vertriebspartner erfüllen sollte:

— in welcher Region sollte er ansässig sein?
— welche Branchenerfahrungen sollten vorliegen?
— welche anderen Produkte sollte er/sollte er nicht vertreten?
— für welche anderen Firmen sollte er nicht tätig sein?
— welche Kunden sollten regelmäßig besucht werden?
— welche Organisation/Organisationsmittel sollten vorhanden sein?
— über welche Sprachkenntnisse sollte er verfügen?

6.2 Beobachtung der Konkurrenz

Sollten Sie nicht aufgrund von branchenspezifischen und landesüblichen Gepflogenheiten von vornherein auf einen Vertreter oder auf einen Händler fixiert sein, dann wird eine Analyse der bereits im Markt tätigen Konkurrenz empfohlen:

— mit welchen Vertriebspartnern arbeitet die Konkurrenz
— wer sind diese Vertriebspartner
— wo sind sie ansässig usw.

Auskunft hierüber erhalten Sie häufig aus einem Image-Prospekt Ihres Wettbewerbs.

6.3 Wer hilft bei der Vertretersuche

Es ist ungleich schwieriger, in einem fremden Markt einen geeigneten Vertreter zu finden als einen erfahrenen Händler.

Es wird daher eine mögliche Vorgehensweise für die Suche und Auswahl eines geeigneten Vertreter beschrieben. In vielen Punkten läßt sich dies auf die Suche und Auswahl eines geeigneten Händlers übertragen:

— Zulieferer/Abnehmer befragen
— befreundete Unternehmer befragen
— AHK einschalten
— Internationale Messen nutzen
— Anzeigen in Fachzeitschriften schalten
— Fachverbände befragen
— auslandserfahrenen Berater einschalten

Befragen Sie Ihre Zulieferer und Abnehmer

Nutzen Sie die Kontakte und Erfahrungen, die andere vor Ihnen schon gesammelt haben. Vielleicht ist einer Ihrer Zulieferer oder Abnehmer bereits in dem von Ihnen ausgewählten Auslandsmarkt tätig und kann Ihnen eine geeignete Person als Vertreter empfehlen.

Ein billiger und rascher Suchprozeß — Sie brauchen nur zum Telefon zu greifen.

Haben Sie sonstige Kontakte? — z.B. zum Exportleiterkreis Ihrer IHK

Vielleicht hilft Ihnen aber auch ein befreundeter Unternehmer weiter. Oder Sie sind Mitglied im Exportleiterkreis der für Sie zuständigen IHK und können die hier vorhandenen vielfältigen Kontakte und Erfahrungen für Ihre Ziele nutzen.

Die Deutsche Auslandshandelskammer ist für Sie vor Ort tätig.

In den wichtigsten und interessantesten Exportmärkten können Sie sich mit Ihrem Problem an die dort ansässige Auslandshandelskammer (siehe Informationsbeschaffung) wenden. Man wird Ihnen entweder eine Anzeige in den regelmäßig erscheinenden Kammermitteilungen empfehlen oder aber die gezielte Suche nach dem benötigten Vertreter. Dieser Service ist nicht kostenlos, häufig lohnt aber der getätigte Aufwand.

Lassen Sie sich in diesem Zusammenhang von der AHK gleich die im betreffenden Auslandsmarkt tätigen Konkurrenzunternehmen benennen. Vielleicht ist es Ihnen ja möglich, im Rahmen einer Konkurrenzanalyse weiterführende Informationen über den benötigten Vertriebspartner zu erhalten.

Internationale Messen: Ein wichtiges Informationsforum!

Internationale Messen — möglichst im gewählten Zielmarkt — sind für Sie von unschätzbarem Nutzen. Auch wenn es darum geht, einen geeigneten Vertriebspartner zu finden.

Mehrere Möglichkeiten sind denkbar:

a) Sie sind Aussteller:

— welcher gute Vertreter ist nicht neugierig? Ein Messebesuch gehört daher häufig zum ,,Muß''. Auch Ihr Stand wird besucht werden. Alles weitere hängt von Ihnen und Ihrem Verhandlungsgeschick ab.

— Sie können dem auch nachhelfen und in Ihrem Stand einen Hinweis anbringen ,,Vertreter gesucht''.

b) Sie sind ,,nur'' Messebesucher:

— häufig ist dem Messesekretariat eine Art Vermittlungsbüro angeschlossen ,,Suche und Nachfrage nach Vertretern''. Setzen Sie sich daher mit dieser Stelle gleich zu Beginn Ihres Messebesuches in Verbindung

— Beim Besuch der Ausstellungsstände von Firmen mit einem ähnlichen Produktprogramm können Sie sehr viel erfahren, häufig auch Kontakte gewinnen zu interessierten Vertriebspartnern.

Verbände: Nutzen Sie deren Vermittlungsdienste

Wie bei uns gibt es auch in vielen Exportländern zum Teil sehr gut organisierte

Fachverbände sowie
Vertreterverbände.

Besorgen Sie sich deren Adressen, am besten von der zuständigen AHK und nehmen Sie Kontakt auf. Häufig wird man Ihnen die Schaltung einer Suchanzeige in dem regelmäßig erscheinenden Publikationsorgan dieses Verbandes anbieten. Da die Branche bzw. die Zielgruppe direkt angesprochen wird, bestehen gute Chancen, daß Sie einige Bewerbungen erhalten werden.

Anzeige in einer Tageszeitung — Auch dies kann helfen

In vielen Ländern gibt es bestimmte Tageszeitungen, die einmal pro Woche einen Stellenteil — auch für Vertreter — beinhalten. Die FAZ bringt in Deutschland diesen Teil jeweils Freitags. Die La Vangardia in Spanien zum Beispiel Sonntags.

Auch hier können Sie von der zuständigen AHK sowohl das am besten geeignete Publikationsorgan erfragen sowie den Tag, an dem Ihre Anzeige plaziert werden sollte.

Sinnvoll ist es, zunächst ein Probeexemplar der an diesem Tag erscheinenden Ausgabe zu besorgen, um Art und Aufmachung ähnlich gelagerter Anzeigen zu studieren.

Sonstige Möglichkeiten, die hilfreich sein können:

Vergessen Sie auch nicht, bei der Suche von Auslandsvertretern Institutionen einzuschalten oder zu befragen, die Ihnen ohnehin täglich zur Seite stehen und die meist über eigene Niederlassungen im Ausland verfügen:

Banken
Speditionen
Fluggesellschaften

können Ihnen oftmals weit mehr bieten als die üblichen Leistungen.

Aber auch das Studium der

„gelben Seiten",

von Branchenadreßbüchern, die in vielen Ländern ähnlich wie bei uns herausgegeben werden, empfiehlt sich.

Darüberhinaus gibt es eine Reihe von national aber auch von international arbeitenden

Adreß-Verlagen,

die zumindest die Anschriften von in Ihrer Branche tätigen Händlern liefern können.

6.4 Kriterien für die richtige Auswahl

Aus den unter 6.3. dargestellten Aktivitäten haben Sie die Anschriften von ca. 8—10 interessierten Vertretern erhalten. Es gilt nun, denjenigen auszuwählen, der die beste Eignung für den geplanten Auslandsvertrieb mitbringt. Es empfiehlt sich ein stufenweises Auswahlverfahren, welches zum Beispiel aus folgenden Teilschritten bestehen könnte:

— schriftliche Kontaktaufnahme mit
  Selbstdarstellung
  Fragen zur Person
— Bonitätsprüfung
— persönliches Zusammentreffen
— Vertragsabschluß und Schulung in Ihrem Unternehmen

Schriftliche Kontaktaufnahme

Ihr erstes Schreiben — in der Landessprache des ausgewählten Auslandsmarktes! — sollte folgende wesentliche Punkte beinhalten:

— Sie stellen sich/Ihr Unternehmen vor (Imageprospekt beifügen)
— Nennen Sie möglichst wichtige Abnehmer/Lieferanten, mit denen Sie in Geschäftskontakt stehen, und die gegebenenfalls international bereits eingeführt sind (wichtige Referenz für Sie!)
— Schildern Sie, welche Marktchancen Sie sich für den neu zu erschließenden Markt ausgerechnet haben
— Beschreiben Sie (gemäß Anforderungsprofil lt. Seite 39) welche Voraussetzungen der Vertreter Ihrer Wahl mitbringen sollte
— Erwähnen Sie, daß Sie an einem persönlichen Zusammentreffen anläßlich der demnächst stattfindenden Fachmesse interessiert sind.

Bonitätsprüfung

Erfahrungsgemäß wird Ihr Schreiben von ca. 30—40% der angeschriebenen Vertreter beantwortet. D.h. 3—4 interessierte Vertreter senden Ihnen die gewünschten näheren Informationen zur Sache und Person.

Aus diesen Angaben können Sie bereits ersehen, wer Ihrem Anforderungsprofil entspricht und wer nicht.

Von den Interessenten, die Sie nun in die engere Wahl gezogen haben, empfiehlt es sich — bevor weitere Schritte eingeleitet werden — nähere Auskünfte zu beschaffen. Bei kleinen Vertreterfirmen — sogenannte Ein-Mann-Unternehmen — ist dies erfahrungsgemäß nur sehr schwer möglich.

Wen können Sie wegen dieser gewünschten Auskünfte ansprechen?:

— Hausbank
— Auskunftei
— Auslandshandelskammer (AHK)

Soweit Sie in Ihrem ersten Schreiben um die Benennung einer Referenz-Adresse/Bank gebeten haben, sollte diese genannte Adresse vorrangig befragt werden.

Erste persönliche Kontaktaufnahme:

Nach dem bisher durchgeführten Auswahlverfahren seien zwei interessant erscheinende Vertreter in die engere Wahl einbezogen worden.

Nun sollten Sie ein Treffen mit diesen Personen im betreffenden Land vereinbaren. Vielleicht findet ohnehin in den nächsten Wochen eine für Sie wichtige Fachmesse statt, so daß Sie dieses Zusammentreffen mit dem Besuch dieser Messe verbinden können. Interessant und sehr aufschlußreich kann es sein, wenn Sie nacheinander mit beiden Vertretern die Fachmesse besuchen!

Ihr Gespräch wird sich um folgende Punkte drehen:

— Weitere Informationen über Ihr Unternehmen geben
— Erfahrungen und Eignung des Bewerbers prüfen
— Rahmenbedingungen einer vertraglichen Vereinbarung (Gebiet, Provision, Exklusivität) besprechen
— Herausfinden, welches Umsatzpotential der Bewerber für Ihr Produkt sieht und auf welche Weise er es erschließen wird
— Die Konkurrenzsituation schildern lassen
— Zukünftige Perspektiven des Marktes darstellen lassen

Vertragsabschluß und Schulung:

Der von Ihnen ausgewählte Vertreter sollte nun in Ihr Unternehmen eingeladen werden. Folgende wichtige Gründe sprechen dafür:

— Persönliche Absprache der einzelnen Vertragspunkte und Vertragsunterzeichnung
— Herstellung von persönlichen Kontakten zu den einzelnen Sachbearbeitern
— Persönlicher Eindruck über Leistungsfähigkeit Ihrer Organisation und über den technischen Standard Ihrer Produktion/Qualitätskontrolle
— Übermittlung Ihrer ,,Firmenphilosophie''
— Produktbezogene Schulung
— Übermittlung von Verkaufsargumenten
— Einweisung in den monatlich zu erstellenden ,,Kundenbericht'' sowie in die quartalmäßig zu erstellende ,,Marktinformation''
— Aufbau von Vertrauen und persönlichen Beziehungen

6.5 Besonderheiten in der Zusammenarbeit mit ausländischen Vertriebspartnern

Mit dem Vertragsabschluß haben Sie den Start Ihrer Zusammenarbeit besiegelt. Der Vertreter macht sich nun an die Arbeit und — es wird weitgehend von Ihnen abhängig sein, wie schnell und wie erfolgreich er für Sie tätig sein wird.

Gehen Sie nicht davon aus, daß Ihr neu gewonnener landes- und branchenerfahrener Vertriebspartner von Ihnen und Ihrem Produkt so begeistert ist, daß Sie sich innerhalb des nächsten Jahres nicht mehr um ihn und um seine Tätigkeit kümmern müßten.

Nehmen Sie ihn sofort mit dem nötigen Fingerspitzengefühl ,,an die Hand'' und begleiten Sie ihn — zumindest in den nächsten 12 Monaten — in ,,dichtem Schulterschluß''. Dies erfordert zwar Ihrerseits ein großes zeitliches Engagement — aber ohne dies wird der Erfolg im Auslandsmarkt lange auf sich warten lassen.

Welche verkaufsfördernden und verkaufsunterstützenden Maßnahmen sollten Ihrerseits innerhalb dieser nächsten 12 Monate erbracht werden?

Sie sollten den neu engagierten Vertreter:

— mindestens einmal pro Woche telefonisch ansprechen (aufgelaufene Fragen beantworten, Sicherheitsgefühl vermitteln, Interesse zeigen, Motivation vermitteln usw.)

— einmal monatlich eine schriftliche Information geben (Produktverbesserungen, Verkaufsargumente, Marktentwicklungen in anderen Ländern usw.)

— auffordern, einmal monatlich einen schriftlichen Bericht über die Situation der besuchten Kunden abzugeben (so kurz wie möglich). Es empfiehlt sich, daß ein von Ihnen vorgegebenes einheitliches Formblatt verwendet wird. Es kann u.U. sinnvoll sein, diesen Bericht mit der Provisionsabrechnung zu koppeln.

— einmal pro Quartal zu wichtigen/kritischen Kunden begleiten (Bedeutung des Kunden ,,sichtbar'' machen, Ihr Gefühl für den Markt verbessern, Vertriebspartner motivieren)

— auffordern, einmal pro Quartal ein von Ihnen vorgegebenes Formblatt über die Entwicklung des Marktes auszufüllen (Nachfrageverhalten, Konkurrenzsituation, Entwicklungstendenzen usw.)

— einmal pro Jahr zu einem Verkaufsgespräch einladen (Soll-Ist-Vergleich, ,,Manöverkritik'', Absatzplanung für das folgende Jahr, Produktschulung, Übermittlung von Verkaufsargumenten, Motivation, Vertrauen vertiefen, Festigung persönlicher Kontakte usw.)

,,Das läßt sich ja nicht machen!''

wird vielleicht der eine oder andere von Ihnen denken, da macht ja kein Vertreter mit!

Das hängt entscheidend von Ihrer ,,Marktstärke'' ab, andererseits aber von Ihrer persönlichen Überzeugungskraft und Ihrem unternehmerischen Durchsetzungsvermögen, nach dem Motto:

,,wer nichts von mir verlangt, soll hintenanstehen''
(Aussage eines ungenannten Auslandsvertreters).

7 Verträge mit ausländischen Vertriebspartnern

Sobald Sie einen ausländischen Vertriebspartner ausgewählt haben und mit ihm handelseinig geworden sind, empfiehlt es sich, einen schriftlichen Vertrag abzuschließen. Hiermit dokumentieren Sie, welche Basis Sie für die gemeinsame Zusammenarbeit gefunden haben.

In vielen Ländern gibt es rechtliche Bestimmungen über die Zusammenarbeit mit Handelsvertretern. Ein spezielles Händlerrecht dagegen existiert bisher jedoch noch nicht.

Beim Abschluß eines Vertrages — ob mit einem Handelsvertreter oder mit einem Händler — gibt es einige grundsätzliche Dinge zu beachten:

7.1 Allgemeine Grundlagen — die Sie beachten sollten

Vertragsfreiheit

Grundsätzlich besteht Vertragsfreiheit, d.h. Sie können mit Ihrem Geschäftspartner beliebige Vereinbarungen treffen, die mit Abschluß des Vertrages rechtswirksam werden. Eine Ausnahme hiervon stellen zwingende Rechtsvorschriften eines Landes dar (,,Ordre Public''), gegen die Sie in Ihrem Vertrag nicht verstoßen dürfen.

Insbesondere im Rechtsverkehr mit Frankreich kommt es häufiger vor, daß französische Gerichte die Wirksamkeit vertraglicher Vereinbarungen wegen eines Verstoßes gegen die Prinzipien des französischen Rechtes nicht anerkennen.

Es ist daher empfehlenswert, daß Sie sich vor Abschluß von bedeutsamen Außenhandelsverträgen ein Rechtsgutachten von einem Rechtsanwalt ausarbeiten lassen. In diesem Gutachten sollte die zivilrechtliche Wirksamkeit und die Übereinstimmung des Vertrages mit dem öffentlichen Recht bestätigt werden. Bei der Suche und Auswahl eines geeigneten Anwaltes ist sicherlich die betreffende Außenhandelskammer gerne behilflich.

Zustandekommen von Verträgen

Ein Vertrag mit Ihrem ausländischen Vertragspartner kommt zustande durch Ihr Angebot und die gleichlautende Annahme durch Ihren ausländischen Geschäftspartner.

Zu beachten ist also, daß Angebot und Annahme inhaltlich übereinstimmen müssen.

Zu berücksichtigen ist auch, daß in Deutschland unter Kaufleuten Schweigen auf ein Angebot Zustimmung zu den im Angebot genannten Bedingungen bedeutet. In vielen Ländern ist dies anders. In den USA, in England, Frankreich, Belgien, Italien, Spanien und Südamerika wird Schweigen auf ein Angebot als Ablehnung gedeutet. Wer in eines dieser Länder liefert, ohne ausdrückliche Zustimmung seines Geschäftspartners, hat keinen einklagbaren Zahlungsanspruch aus dieser Lieferung, da kein wirksamer Vertrag zustandegekommen ist.

Anwendbares Recht

Sollten im Laufe der Vertragsabwicklung Meinungsverschiedenheiten zwischen Ihnen und Ihrem Vertragspartner auftreten, so ist es, wenn Sie im Vertrag hierüber keine Vereinbarung getroffen haben, meist problematisch, nach welchem Recht die vertraglichen Vereinbarungen zwischen Ihnen und Ihrem ausländischen Vertragspartner zu beurteilen sind.

Daher ist es bei Auslandsgeschäften dringend zu empfehlen, im Vertrag eindeutig zu regeln, welches Recht bei eventuellen Auslegungsschwierigkeiten zur Anwendung kommen soll. Grundsätzlich kann das anzuwendende Recht zwischen Ihnen und Ihrem Vertragspartner frei bestimmt werden.

In vielen Fällen ist es sinnvoll, mit dem ausländischen Geschäftspartner eine solche schriftliche Vereinbarung abzuschließen, in der das Recht der Bundesrepublik Deutschland festgelegt wird.

Gerichtsstand

Unter Gerichtsstand versteht man nach deutschem Recht den Ort, an dem bei einem Rechtsstreit zu klagen ist. Soweit Sie als Exporteur als Gerichtsstand den Ort Ihres Firmensitzes vereinbaren, ist dies mit verschiedenen Vorteilen verbunden:

— die einheimische Prozeßordnung kommt zur Anwendung
— das Prozeßgericht befindet sich in Ihrer Nähe
— Ihr Firmenanwalt vertritt Sie

Die Festlegung des Firmensitzes als Gerichtsstand ist jedoch nur dann sinnvoll, wenn sichergestellt ist, daß die Entscheidung des inländischen Gerichtes im Lande des Vertragspartners auch anerkannt und vollstreckbar wird.

Derzeit bestehen nur mit relativ wenigen Ländern Vollstreckungsabkommen.

Schwierigkeiten der Vollstreckung deutscher Urteile im Ausland

Die Wirksamkeit von gerichtlichen Entscheidungen ist grundsätzlich auf das Gebiet desjenigen Staates begrenzt, dessen Gerichte sie erlassen haben. Die Vollstreckung der von deutschen Zivilgerichten erlassenen Urteile im Ausland ist nur in solchen Ländern möglich, mit denen Deutschland Vollstreckungsabkommen geschlossen hat. In Ländern, mit denen derartige Abkommen nicht bestehen, richtet sich die Anerkennung und Vollstreckung deutscher Entscheidungen nach dem innerstaatlichen Recht des betreffenden Landes.

Eine Möglichkeit, diese Schwierigkeit in vielen Fällen zu umgehen, besteht darin, folgende Gerichtsstandvereinbarung zu treffen:

,,Gerichtsstand ist Frankfurt/Main (z.B.). Der Exporteur ist aber auch berechtigt, bei jedem anderen zuständigen Gericht zu klagen.''

Aber Vorsicht: Bei Anwendung dieser Klausel, wie auch bestimmter anderer vertraglichen Vereinbarungen, muß der deutsche Exporteur überprüfen lassen, ob diese Klausel nicht gegen den ,,Ordre Public'' des betreffenden ausländischen Staates verstößt.

Die Vorteile von Schiedsklauseln im Ausland

Durch vertragliche Vereinbarung können die Vertragsparteien übereinkommen, daß zur Regelung eventueller Rechtsstreitigkeiten nicht ein staatliches Gericht eingeschaltet wird, sondern ein Schiedsgericht.

Insbesondere bei bedeutenden internationalen Verträgen ist es inzwischen üblich geworden, Schiedsgerichtsklauseln zu vereinbaren bzw. dem Vertrag einen besonderen Schiedsvertrag anzuhängen. Aber auch bei Kaufverträgen, Lizenzverträgen, Verträgen mit ausländischen Händlern, werden inzwischen Schiedsklauseln vereinbart, so daß bereits rund 90% aller Rechtsstreitigkeiten im Auslandsgeschäft von Schiedsgerichten erledigt werden.

Verfahren

Wählen zwei Vertragsparteien die Schiedsordnung der Internationalen Handelskammer und kommt es bei Erfüllung des Vertrages zu Streitigkeiten, so kann jede Partei für sich die *Landesgruppe der Internationalen Handelskammer* in ihrem Land anrufen, um das Verfahren einzuleiten. Die deutsche Gruppe z.B. befindet sich in Köln. die Parteien erhalten dann die Möglichkeit aus einer Liste jeweils einen Schiedsrichter zu wählen, die dann einen Oberschiedsrichter wählen. Vor dem Schiedsgericht kann jede Partei sich selbst vertreten oder durch einen Rechtsanwalt vertreten lassen. Der Schiedsspruch ergeht endgültig und verbindlich für die Kontrahenten. Die Vereinbarung eines Schiedsgerichtes schließt den ordentlichen Gerichtsweg aus.

Mit der Schiedsklausel verpflichten sich die vertragsschließenden Parteien, bei allen sich aus dem Vertrag ergebenden Streitigkeiten ein bestimmtes Schiedsgericht anzurufen.

Mit folgender Schiedsklausel können Sie z.B. den Schiedsgerichtshof der Internationalen Handelskammer anrufen:

,,Alle aus dem gegenwärtigen Vertrag sich ergebenden Streitigkeiten werden nach der Vergleichs- und Schiedsordnung der Internationalen Handelskammer von einem oder mehreren gemäß dieser Ordnung ernannten Schiedsrichtern endgültig entschieden.''

Die Anrufung von Schiedsgerichten hat gegenüber einem Verfahren vor staatlichen Gerichten folgenden Vorteil:

1. Die Vertragspartner können branchenerfahrene Fachleute zu Schiedsrichtern bestellen.

2. Ein Urteil vor einem Schiedsgericht kommt normalerweise schneller zustande als vor einem staatlichen Gericht.

3. Die Sitzungen sind vertraulich.

4. Die Anerkennung und Vollstreckung ausländischer Schiedsurteile ist durch mehrere internationale Abkommen geregelt. Bis heute haben sich diesem internationalen Abkommen rund 60 Länder angeschlossen.

Diesen Vorteilen steht eventuell der Nachteil gegenüber, daß es bei Schiedsverfahren normalerweise nur eine Instanz gibt. Dies führt dazu, daß unter Umständen auch offensichtlich unrichtige Schiedssprüche von den Vertragsparteien akzeptiert werden müssen.

7.2 Der Vertrag mit Auslandsvertretern

Für derartige Verträge ist normalerweise nicht das deutsche Recht gültig, sondern das Recht des Staates, in dem der Handelsvertreter tätig wird. Der Exporteur hat also vor Abschluß eines Handelsvertreter-Vertrages zu prüfen, welches Recht für diesen Vertrag zur Anwendung kommt und ob es innerhalb dieses Rechtskreises besondere Bestimmungen, zum Beispiel zum Schutze des Handelsvertreters (Ausgleichsanspruch), gibt.

Wenn Sie zum Beispiel einen Vertrag mit einem französischen Handelsvertreter abschließen, müssen Sie wissen, daß es in Frankreich zwei Typen von Handelsvertretern gibt, und zwar den

Voyageur Représentant Placier (VRP) und den
Agent Comercial.

Der Vertrag mit dem VRP wird wie ein Arbeitsvertrag gewertet, was zum Beispiel zur Folge hat, daß der VRP neben der Provision Anspruch auf Zahlungen zur Sozialversicherung hat, während der Agent Comercial nur Anspruch auf Zahlung einer Provision hat.

Von vielen deutschen Auslandshandelskammern können Sie Musterverträge erhalten, die die besonderen Bestimmungen berücksichtigen, die bei der Beschäftigung eines Handelsvertreters in diesem Lande zu beachten sind.

Soweit nicht derartige Vertragsmuster verwendet werden können, sollten Sie den Vertragstext von einem Juristen überprüfen lassen, der das jeweilige Landesrecht beherrscht. Bei der Ausarbeitung von Verträgen mit ausländischen Handelsvertretern sollten die nachfolgenden Punkte berücksichtigt werden:

a) Bezeichnung des Vertrages
   In der Überschrift des Vertrages sollte ausdrücklich festgehalten werden, daß es sich um einen Handelsvertretervertrag handelt.

b) Vertragsparteien
   Name, Anschrift, Rechtsform, Sitz und Niederlassung sollten aufgeführt werden

c) Vertretung oder Alleinvertretung
   Es ist anzugeben, ob der Handelsvertreter berechtigt sein soll, das Unternehmen in einem bestimmten Gebiet ausschließlich zu vertreten.

d) Vertragsgebiet
   Die räumliche und/oder persönliche (bestimmte Kunden)/ oder produktbezogene Abgrenzung ist zu definieren.

e) Gegenstand der Vertretung
   Eine Bezeichnung der Vertragsprodukte sollte unbedingt erfolgen.

f) Pflichten des Handelsvertreters
   Hierzu können zählen:
   Rechtsstellung gegenüber Dritten (Verpflichtung, im Namen des Unternehmens zu handeln bzw. Vollmacht zum Abschluß von Geschäften);
   Allgemeine Unterrichtung (z.B. über Marktsituation, Konkurrenz);
   Information über die eigene Tätigkeit;
   Prüfung der Kreditwürdigkeit von Kunden;
   Mindestumsatz;
   Beteiligung an Messen und Ausstellungen;
   Werbung;

g) Pflichten des Unternehmens
   Diese können beinhalten:
   Annahme von Aufträgen;
   Überlassung von Preislisten, Werbematerial, Mustern;
   Zahlung der Provision;

h) Provision
   Der Provisionssatz sowie die Art der Provisionsermittlung und -auszahlung sollten genau festgelegt werden.

i) Vertragsdauer
   Beginn und Laufzeit des Vertrages sind anzugeben.

j) Beendigung des Vertragsverhältnisses
   Kündigungsfristen sind zu nennen.

k) Rechtsfolgen bei der Vertragsbeendigung
Zu regeln ist z.B., inwieweit der Handelsvertreter einen Ausgleichsanspruch erhält;

l) Wettbewerbsabreden
Verbot für den Handelsvertreter, zugleich für Konkurrenzfirmen tätig zu sein;

m) Anzuwendendes Recht

n) Gerichtsstand-Vereinbarung
Schiedsgericht oder Ordentliches Gericht?

o) Maßgebende Fassung
Bei mehrsprachig abgefaßten Verträgen ist anzugeben, welcher Text für die Auslegung maßgebend sein soll;

p) Unterschrift der Vertragsparteien mit Ort und Datum.

Nicht nur in Deutschland führt der bei uns zwingend vorgeschriebene Ausgleichsanspruch des Handelsvertreters immer wieder zu Problemen bei Beendigung des Vertragsverhältnisses.

Auch in anderen Ländern gibt es Regelungen zum Ausgleichsanspruch, die Sie speziell dann prüfen sollten, wenn das Vertragsverhältnis dem Recht des Landes unterstellt ist, in dem Ihr Handelsvertreter tätig wird.

In sämtlichen EG-Staaten tritt mit Beginn des Binnenmarktes ein einheitliches Handelsvertreter-Recht in Kraft. Dies ist weitgehend mit dem deutschen Handelsvertreter-Recht identisch, inklusive der Regelungen zum Ausgleichsanspruch.

7.3 Der Vertrag mit Händlern im Ausland

Ein dem ,,Handelsvertreter-Recht'' ähnliches ,,Vertragshändler-Recht'' gibt es im Ausland nicht. Bei der Auslegung von Händler-Verträgen werden daher häufig die gültigen Regelungen über Kaufverträge und Dienstverträge, aber auch die Bestimmungen des jeweils gültigen Handelsvertreter-Rechtes herangezogen.

In der Formulierung eines Vertrages mit dem von Ihnen ausgewählten Auslandshändler sind Sie frei — mit Ausnahme eventuell zu beachtender zwingender Rechtsvorschriften (Ordre Public).

Welche Einzelheiten sollten Sie in einem derartigen Vertrag festlegen?

Hierzu können Sie sich weitgehend an die Check-Liste für die Verträge mit ausländischen Handelsvertretern halten (vgl. Seite 53). Daneben sind folgende abweichende bzw. weitergehende Regelungen zu beachten:

1. Rechtsstellung der Vertragsparteien
    Der Händler kauft und verkauft in eigenem Namen und auf eigene Rechnung.

2. Verkaufsförderung
    Der Händler sollte alles tun, um einen möglichst hohen Umsatz zu erreichen. In diesem Zusammenhang sollte er verpflichtet werden, in einem bestimmten Mindestumfang Werbung zu betreiben und an Messen teilzunehmen. Eventuell ist es sinnvoll, einen Mindestumsatz festzulegen, verbunden mit dem Recht des Exporteurs, den Vertrag vorzeitig kündigen zu können, falls dieser Umsatz nicht erzielt wird.

3. Preisgestaltung
    Grundsätzlich ist der Händler in der Gestaltung seiner Verkaufspreise frei. Eine Vorgabe der Verkaufspreise durch den Exporteur ist in vielen Ländern unzulässig (z.B. EG, USA).

4. Eigentumsvorbehalt
    Häufig sichert der Exporteur den Eingang seiner Kaufpreisforderung dadurch ab, daß er einen Eigentumsvorbehalt mit seinem Vertragspartner vereinbart. Hierbei ist zu berücksichtigen, daß die bei uns üblichen Regelungen zum Eigentumsvorbehalt in vielen Ländern unbekannt bzw. ungültig sind. Eine landesbezogene Prüfung über die wirksame Vereinbarung einer EV-Klausel ist daher erforderlich (Auskünfte erteilt auch hier die jeweils zuständige AHK).

5. Kundendienst
    der Händler sollte den Kundendienst für die gelieferten Produkte durchführen.

6. Ausgleichsanspruch
    Üblicherweise hat der Händler bei der Beendigung des Vertragsverhältnisses keinen Ausgleichsanspruch. In vielen Ländern geht die Rechtssprechung

jedoch dahin, dem Händler einen Entschädigungsanspruch zuzugestehen, falls er verpflichtet ist, kundenbezogene Informationen an den Lieferanten herauszugeben.

7. Einschränkung der Vertragsfreiheit
Neben landesspezifischen zwingenden Vorschriften (Ordre Public), die die Vertragsgestaltung einengen, sind speziell die Regelungen des EG- Kartellrechtes sowie des US-Kartellrechtes zu beachten (Auskünfte erteilt Ihre zuständige IHK bzw. die betreffende AHK).

8 Angebotsabgabe und Kaufvertrag

8.1 Angebotsabgabe

Das Angebot ist Grundlage eines späteren Kaufvertrages und muß deshalb bereits alle Konditionen und Lieferbedingungen, Zusagen und Garantien, Preise und Termine enthalten. Ungenaue Angebote führen zu Verärgerung beim Kunden und/oder finanziellen Verlusten bei Abwicklung der Exportgeschäfte.

8.1.1 Aufgabe des Angebots

Das Angebot im Exportgeschäft erfüllt eine der nachstehenden Aufgaben oder eine beliebige Kombination daraus:

a) Information — kaufmännische Funktion
b) Teil des Kaufvertrages — rechtliche Funktion
c) Besorgung von Einfuhrgenehmigung — administrative Funktion

zu a)
Informationsangebote sind unter anderem Prospektblätter, Katalogen und Preislisten. Diese Angebote sind in der Regel unverbindlich. Produkte, Preise und Lieferkonditionen können sich rasant und ohne Ankündigung ändern.

zu b)
Allgemeine Informationsangebote können schriftlich bestätigt werden. Dadurch haben Sie die in der Bestätigung angegebene Verbindlichkeit. Solche Angebote werden für einen bestimmten Lieferumfang und Bedarfsfall erstellt. Sie müssen alle Konditionen enthalten, die bei Auftragserteilung durch den Kunden gelten sollen.

zu c)
In Ländern, die für Importe eine Einfuhrgenehmigung vorschreiben, wird das Angebot in der Regel mit einer PROFORMA RECHNUNG abgegeben. Diese Proforma Rechnung wird vom Kunden zur Beantragung der Einfuhrgenehmigung, des Akkreditives (siehe Zahlungsabwicklung) und des Devisentransfers benötigt. Da die meisten Länder spätere Änderungen der einmal erteilten Ein-

fuhrgenehmigung nicht zulassen, müssen Preise, Lieferzeiten, Konditionen, etc. verbindlich angegeben sein. Bei der Lieferzeit ist ein Sicherheitsfaktor einzukalkulieren.

8.1.2 Angebotsarten

Wie im Inland sind auch im Exportgeschäft Angebote in verschiedenen Formen möglich: Mündlich, telefonisch, mit Brief, Proforma-Rechnung, Telex, Telegramm oder Fax. Bei mündlichen, telefonischen oder fernschriftlichen Angeboten ist zur Vermeidung von Mißverständnissen eine schriftliche Bestätigung ratsam.

8.1.3 Angebotsgliederung

Ein gutes Angebot zeichnet sich durch eine übersichtliche Gliederung aus. Der Kunde kann alle wesentlichen Angebotsteile schnell erkennen. Wichtige Konditionen sind hervorgehoben oder besonders gekennzeichnet. Was das Angebot enthält, zeigt die Übersicht auf S. 59.

Lieferzeiten

Zur Vermeidung von Verärgerung beim Kunden, Vertragsstrafen, Verfall von Akkreditiven, Verfall von Einfuhrgenehmigungen, usw., sind die Lieferzeiten firmenintern so genau wie möglich anzugeben. Ein gewisser Sicherheitsfaktor ist hilfreich.

Abhängig von den Zahlungs- und Lieferkonditionen kann ein Auftrag erst als verbindlich und gesichert betrachtet werden, wenn bestimmte Voraussetzungen erfüllt sind:

Länder mit Einfuhrgenehmigungspflicht

Der Kundenauftrag ist erst dann gesichert, wenn die entsprechende Einfuhrgenehmigung vorliegt. Abhängig von den verschiedenen Ländervorschriften erhalten Sie vom Kunden eine Durchschrift der Einfuhrlizenz oder Einfuhrgenehmigung, die Nummer der Einfuhrgenehmigung oder den Hinweis auf eine globale Einfuhrgenehmigung. Sprechen Sie mit Ihrem Kunden das genaue Verfahren ab. Ausführliche Informationen zu Ländervorschriften finden Sie auch in den von der Handelskammer Hamburg herausgegebenen Konsulats- und Mu-

ANGEBOTSKOPF

```
Firmenanschrift, Telefon, Telex, Telefax, Name des
Sachbearbeiters und/oder Kontaktperson für den Kunden mit
Tel.-Durchwahl, Bankverbindung mit SWIFT-Adresse.
Angebotsnummer, Ref. d. Kundenanfrage, vorgesehener
Transportweg, Verpackungsdaten
```

LIEFERUMFANG

```
Produktbeschreibung, Stückzahl/Menge,/Gewicht, Einzelpreis.
Gesamtpreis.
```

LIEFERZEIT

```
z.B. Angabe ab wann Lieferzeit gerechnet wird, z.B. ab
Auftragseingang, nach Auftragsbestätigung, nach
Akkreditiverhalt, etc.
```

LIEFERKONDITIONEN

```
Z.B. Klauseln bestimmter Branchen (z.B. Schuhindustrie),
einheitliche Vertragswerke (z.B. VDMA), standardisierte
Vertragsformeln (z.B. INCOTERMS)
```

ZAHLUNGSKONDITIONEN

```
z.B. Dokumenteninkasso, unwiderrufliches Akkreditiv, nach
Rechnungserhalt, Vorauskasse, usw. ( siehe
Zahlungsabwicklung und Zahlungssicherung)
```

SONSTIGE VEREINBARUNGEN

```
z.B. anwendbares Recht und Gerichtsstand, Schiedsklausel,
Gewährleistung, Eigentumsvorbehalt, Ursprungsland.
```

stervorschriften. Nicht umsonst wird dieses hervorragende Werk als ,,Bibel des Exportkaufmanns'' bezeichnet, das in keiner Exportabteilung fehlen darf.

Zahlung gegen unwiderrufliches Dokumenten-Akkreditiv

Der Kundenauftrag kann von Ihnen erst dann als verbindlich und gesichert betrachtet werden, wenn das Akkreditiv bei Ihrer Bank oder bei Ihnen vorliegt. Die üblichen Übermittlungszeiten für Akkreditive, aus dem Land der Akkreditivbank an Ihre Bank, erhalten Sie von Ihrer Hausbank. (Näheres siehe Seite 91) Diese Zustellzeit ist bei Angabe Ihrer Lieferzeit einzukalkulieren.

8.2 Lieferkonditionen

Die starke Ausweitung des Welthandels nach dem Zweiten Weltkrieg und eine Beteiligung aller Wirtschaftskreise am Außenhandel machten einheitliche Lieferkonditionen erforderlich. Verschiedene branchenübliche Usancen, Trade Terms, usw. führten zu Mißverständnissen. Versteht zum Beispiel ein italienischer Unternehmer unter der Lieferklausel franco das gleiche wie sein französischer, spanischer oder deutscher Partner? Konflikte und Rechtsstreitigkeiten sind bei fehlender Definition vorprogrammiert.

8.2.1 INCOTERMS

Deshalb hat die Internationale Handelskammer Paris eine Vereinheitlichung dieser Lieferklauseln herbeigeführt und veröffentlicht. Diese Klauseln sind unter der Bezeichnung INCOTERMS bekannt. In diesen INCOTERMS, die von Zeit zu Zeit überarbeitet und auch an neue Transport- und Verlademöglichkeiten (RO-RO-Verkehre) angepaßt werden (derzeitige Fassung 1990), sind alle Klauseln von ab Werk bis frei Haus, verzollt und versteuert definiert und erläutert. Daraus geht der Zeitpunkt für Kosten und Gefahrenübergang vom Verkäufer auf den Käufer klar hervor. Diese Klauseln müssen im Angebot mit dem Zusatz ,,INCOTERMS'' versehen werden.

Die gebräuchlichsten Klauseln lauten:

Ab Werk = Ex works (EXW) ... benannter Ort

ist die für den Exporteur günstigste Klausel. Sie wird häufig angewendet beim Inlandsgeschäft, weniger dagegen beim Überseegeschäft. Sie bedeutet, daß der Exporteur dem Käufer die Ware auf seinem Werksgelände zur Verfügung stellen muß. Der Käufer (Importeur) trägt alle Kosten und Gefahren, die mit dem Transport der Ware ab Werk bis zum Bestimmungsort verbunden sind.

Frei an Bord = Free on Board (FOB) ... benannter Ort

Diese Klausel ist insbesondere im Überseegeschäft sehr gebräuchlich.

Der Exporteur muß die Ware an Bord des Schiffes des im Kaufvertrag vereinbarten Verschiffungshafen verbringen. Die Gefahr des Untergangs oder von Schäden an der Ware geht dabei zu dem Zeitpunkt auf den Importeur über, an welchem die Ware die Schiffsreling überschreitet. Der Exporteur hat z.B.:

— dem Käufer unverzüglich mitzuteilen, daß die Ware an Bord des Seeschiffes geliefert worden ist;
— auf eigene Kosten die erforderlichen Ausfuhrpapiere sowie
— ein reines Dokument über die Ladung an Bord zu beschaffen.

Kosten und Fracht = Cost and Freight (CFR) ... benannter Ort

Bei dieser für das Überseegeschäft typischen Klausel trägt der Exporteur die notwendigen Kosten und die Fracht, um die Ware zum vereinbarten Bestimmungsort zu befördern.

Die Gefahr des Untergangs oder von Schäden an der Ware geht auf den Importeur über, wenn die Ware die Schiffsreling im Verschiffungshafen überschreitet (wie FOB-Lieferung).

Der Exporteur hat z.B.:

— den Seefrachtvertrag abzuschließen;
— ein reines Konnossement zu beschaffen.

Kosten, Versicherung, Fracht = Cost, Insurance, Freight (CIF) ... benannter Ort

Auch diese Klausel wird im Überseegeschäft häufig verwendet. Zusätzlich zu den Kosten und der Fracht trägt der Exporteur in diesem Fall noch die Seetransportversicherung.

Der Importeur ist nur verpflichtet, eine Versicherung zu Mindestbedingungen (FPA-Bedingungen) abzuschließen. Weitergehende Risikoabsicherungen müssen daher im Kaufvertrag eindeutig bezeichnet werden.

Geliefert Grenze = Delivered at Frontier (DAF) ... (benannter Ort)

Übliche Klausel im Landtransport innerhalb Europas. Der Exporteur hat seine Verpflichtungen erfüllt, wenn er die Ware an dem benannten Grenzübergangsort zur Verfügung stellt. Dabei handelt es sich in der Regel um das deutsche Grenzzollamt.

Die INCOTERMS sind detailliert in einer Publikation der Internationalen Handelskammer Paris dargestellt. Diese Broschüre erhalten Sie über Ihre Industrie- und Handelskammer.

8.2.2 Standard-Vertragswerke

Verschiedene Wirtschaftskommissionen und Verbände haben versucht, Standard-Verträge zu entwickeln. Dazu gehört auch der Versuch, ein einheitliches Kaufrecht zu schaffen, auf das in Angeboten Bezug genommen werden kann. Aber abgesehen von den ECE-Lieferbedingungen, die der VDMA mitentwickelt und übernommen hat, haben sich diese Werke kaum durchgesetzt.

8.2.3 ECE-Lieferbedingungen

Die ECE ist die Wirtschaftskommission der Vereinten Nationen für Europa. Sie befaßt sich mit der Vereinheitlichung aller Formulare und Verträge im internationalen Handel. Der Vertrag hat folgende Bezeichnung:

Allgemeine Verkaufsbedingungen für den Import und Export von langfristigen Konsumgütern und anderen Serienerzeugnissen der metallverarbeitenden Industrie.

Der Mustervertrag kann von Ihrer IHK bezogen werden. Im Handel mit westlichen Staaten wird die Westfassung No. 188 verwendet. Die für den Osthandel vorgesehene Fassung No. 574 läßt sich nur sehr selten durchsetzen.

8.3 Zahlungskonditionen

Auf die Zahlungskonditionen wird in einem eigenen Kapitel Zahlungsabwicklung und Zahlungssicherung ab Seite 91 eingegangen. Über die Zahlungskonditionen lassen sich eine Reihe von Risiken mindern, bzw. ausschalten. Nachstehend die gängigen Zahlungskonditionen:

8.3.1 Gegen Vorauskasse und Nachnahme

Vorauskasse

Sicherheit für den Verkäufer, da erst nach vorbehaltlosem Geldeingang auf dem Konto die Lieferung erfolgt. Praktikabel aber nur bei Lieferungen mit niedrigem Rechnungswert, Erstaufträgen, Musteraufträgen, etc. Nicht üblich bei festen Geschäftsverbindungen, außer bei bekannt gewordenen Zahlungsschwierigkeiten oder verschlechterter Bonität des Käufers.

Nachnahme bei Postsendungen

Die Post erteilt Auskunft darüber, in welche Länder und bis zu welchem Wert Nachnahmesendungen möglich sind. Geringere Sicherheit als ,,Vorauskasse'', da die Annahme der Sendung verweigert werden kann und der Verkäufer die Portokosten übernehmen muß. Totalverluste können aber meistens vermieden werden.

Nachnahme bei LKW, Luftfrachtsendungen durch Spediteur

Einige Speditionen ziehen über ihre Niederlassungen im Ausland nicht nur die Frachtkosten, sondern auch den Rechnungsbetrag beim Warenempfänger ein ,,Spediteurinkasso''. Geringere Sicherheit als Nachnahme bei Postsendungen, da die Spedition nicht haftbar gemacht werden kann, wenn, durch einen Fehler oder ein Versehen ihrer Angestellten, die Sendung ohne Zahlung des Rechnungsbetrages an den Empfänger ausgeliefert wurde. Bei Verweigerung der Annahme haftet der Verkäufer für die Frachtkosten in beiden Richtungen.

8.3.2 Akkreditiv und Inkasso

Wegen der verschiedenen Akkreditivarten und der Abwicklung, siehe Kapitel Zahlungsabwicklung und Zahlungssicherung.

Dokumenten-Inkasso

Auftrag an Ihre Bank, die Dokumente (Handelsfaktura, Frachtpapiere, Ursprungszeugnis, etc) dem Kunden und Warenempfänger gegen Zahlung oder Akzept auszuhändigen. Bietet nur Sicherheit bei Seefrachtsendungen, wenn kein Original des B/L (Bill of Lading = Seefracht-Konnossement) dem Kunden zugegangen ist. Bei allen anderen Sendungsarten (Luftfracht, LKW, Bahn, Post) wird die Sendung in der Regel an den Kunden konsigniert und sie kann ihm von der Spedition direkt über sein Zollamt ausgeliefert werden. In den meisten Ländern ist eine vorläufige Abgabenfestsetzung (Verzollung) möglich, wenn die Original Handelsrechnung nicht vorgelegt werden kann. (Abwicklung siehe Zahlungsabwicklung und Zahlungssicherung)

8.3.3 Offene Rechnung

Alle Zahlungskonditionen, die eine Aushändigung der Ware an den Kunden bei späterer Zahlung zulassen, werden als ,,offen'' bezeichnet. Es spielt dabei keine Rolle, ob ein Zahlungsziel eingeräumt wird oder die Zahlung mit Wechsel erfolgt. Übliche Zahlungskondition im Handel mit Vertragshändlern, langjährigen Geschäftsverbindungen, usw.

Bei den Zahlungskonditionen darf sich der Verkäufer nicht ausschließlich von seinen eigenen Sicherheitsüberlegungen leiten lassen. Er muß auch ein Sicherungsinteresse des Kunden akzeptieren. Bei der Vereinbarung von Zahlungskonditionen müssen Sie daher vorher alle Möglichkeiten ausschöpfen, um über Ihren Kunden eine umfassende Auskunft zu erhalten. Folgender Weg bietet sich an:

1. Bankauskunft
2. Auskunftei
3. HERMES Kreditversicherung
4. Deutsche Auslandshandelskammer
5. Andere deutsche Lieferanten Ihres Kunden

8.4 Sonstige Vereinbarungen

8.4.1 Anwendbares Recht und Gerichtsstand

In Verträgen muß das für einen möglichen Streitfall vereinbarte Recht angegeben werden. Ebenfalls ist der Gerichtsstand zu vereinbaren. Da es bei Vereinbarung des deutschen Rechts für Ihren Kunden, bei Vereinbarung des ausländischen Rechts für Sie zu einer Rechtsunsicherheit kommt, ist die Aufnahme einer Schiedsklausel empfehlenswert. (vgl. Seite 49)

Mustertext siehe Seite 51.

8.4.2 Eigentumsvorbehalt

Gehen Sie grundsätzlich davon aus, daß Ihre im Inland gültigen AGB (Allgemeinen Geschäftsbedingungen) an der Landesgrenze enden. Um einen Eigentumsvorbehalt gültig zu vereinbaren, ist in vielen Ländern eine Bestätigung dieser Klausel durch Ihren Kunden erforderlich. Diese Bestätigung kann bei langfristigen Lieferverträgen schriftlich, auf Ihren AGB oder in einem separaten Schreiben, erfolgen. Bei einmaligen Verträgen wird der Eigentumsvorbehalt im Angebot aufgenommen.

Da aber nicht alle Länder einen Eigentumsvorbehalt kennen, bzw. ein verlängerter Eigentumsvorbehalt fast in keinem Land vereinbart und/oder durchgesetzt werden kann, sollten Sie sich hierüber vor Abfassung der entsprechenden Klausel informieren (z.B. bei Ihrer IHK).

8.4.3 Ursprungsland

In einer Reihe von Ländern spielt der Ursprung der Ware für die Zulassung zum Import eine Rolle. Geben Sie daher auch das Ursprungsland an. Die Angabe muß so erfolgen, daß im Auftragsfall von Ihrer IHK ein Ursprungszeugnis mit dem von Ihnen angegebenen Ursprungsland ausgestellt werden kann (siehe Auftragsabwicklung).

9 Auslandsmessen als Marketinginstrument

Auslandsmessen sind ein wesentliches Instrument zur Absatzmarkterschließung und im Marketing. Da eine Messeteilnahme immer mit beträchtlichen Kosten verbunden ist, sind Messen optimal vorzubereiten. Grundsätzlich ist dabei zu unterscheiden zwischen einer

— Auslandsmesse in einem bereits erschlossenen Absatzmarkt, zur Information vorhandener Kunden

— Auslandsmesse zur Markterschließung / Vertretersuche

Eine Messeteilnahme bietet dem Unternehmen die Möglichkeit sich und seine Produkte vorzustellen, Neuheiten auf dem Markt zu zeigen und Gespräche mit Fachleuten der Branche zu führen. Nirgendwo sind Fachleute einer Branche in gleichem Umfang anzutreffen wie auf Auslandsmessen.

Um eine Fachmesse und einen Messeplatz auszuwählen, sollten Sie nach bestimmten Kriterien, die von Ihrem Produkt, von dem von Ihnen gewählten Vertriebsweg und Ihren bisherigen Erfahrungen auf anderen Märkten abhängen, vorgehen. Eine solche Checkliste ist in Anhang C abgebildet.

Anhand von Messekatalogen vergangener Ausstellungen können Sie feststellen, welche Wettbewerber teilgenommen haben. Wegen der Vergleichbarkeit der Produkte und Vertriebswege lassen sich Entscheidungen für Ihr Unternehmen leichter treffen. In der Regel werden nach Messeende Berichte über Besucher, aufgeteilt nach Fachbesuchern und Anzahl, erstellt. Diese Messeberichte können zum großen Teil bei den Industrie- und Handelskammern eingesehen werden. Sind diese nicht bei der IHK verfügbar, so stellen die ausländischen Durchführungsgesellschaften solche Ergebnisberichte interessierten Unternehmen auf Anfrage zur Verfügung. Die Durchführungsgesellschaft können Sie den Messekatalogen des M + A oder AUMA (Anschriften siehe Anlage) entnehmen bzw. bei der IHK erfahren.

Können Sie auf der Messe die von Ihnen anvisierte Zielgruppe erreichen?	JA

Erhalten Sie auf der Messe die von Ihnen gewünschten Marktinformationen?	JA

Die Messevorbereitung hat rechtzeitig vor Messebeginn (mindestens 6 Monate) einzusetzen. Einzelne Punkte der Vorbereitung sind unter anderem:

o Absatzmarktforschung (siehe Auswahl von Exportmärkten)
o Einladung von Firmen und Fachleuten
o Inserate in Fachzeitschriften
o Direct-Mailing

9.1 Auswahl des richtigen Messeplatzes

Die Beteiligung an einer Auslandsmesse ist in der Regel der Abschluß von Maßnahmen zur Markterschließung. Nachdem die gesammelten Informationen über den Markt und die angefertigten Marktstudien ein positives Bild vermittelt haben, wurden die ersten Kontakte zu möglichen Abnehmern, Importeuren, Vertragshändlern oder Handelsvertretern geknüpft. Dieser Eindruck vom Markt wird nun auf der Messe abgerundet. Mit der Messeteilnahme müssen aber auch sehr konkrete und gut definierte Ziele verbunden sein. Nur so ist eine wirkliche Erfolgskontrolle nach der Messe möglich.

9.2 Auswahl der richtigen Fachmesse

Es ist selbstverständlich, daß die Auswahl der betreffenden Messe nur anhand des Produktes und der zu erwartenden Besucher getroffen werden kann, wenn die Markterschließungsmaßnahmen bereits in ein Endstadium gelangt sind. Wenn Sie sich aber an einer Messe beteiligen wollen, um Informationen über die Marktsituation zu erhalten, die Ihnen ansonsten nicht zugänglich sind, so ist auch die Teilnahme an einer Landesschau oder Präsentation der Bundesrepublik Deutschland erwägenswert. Z.B:
EXPO ALEMANIA, Spanien oder
DEUTSCHE WIRTSCHAFTSAUSSTELLUNG, Türkei 1989.

Es ist in jedem Fall empfehlenswert, sich das Auslandsmesseprogramm der

Bundesrepublik und die Auslandsmessebeteiligungen der Bundesländer zu besorgen. Diese Messen werden in teilweise erheblichem Maße aus Bundes- und Länderprogrammen bezuschußt. Eine Teilnahme auf diesen Gemeinschaftsständen reduziert die Messekosten (durch gemeinsame Einrichtungen, wie Küche, Besprechungsräume, Informationsstände, etc) erheblich.

9.3 Information möglicher Abnehmer

Einladung an Firmen und/oder Fachleute

Die richtigen Besucher sind für Sie der halbe Weg zum Erfolg. Besorgen Sie sich rechtzeitig vor Messebeginn Anschriften der für Sie wichtigen Firmen und die Namen der zuständigen Einkäufer (siehe Informationsbeschaffung) und informieren Sie Ihre möglichen Kunden über Ihre Messeteilnahme.

Werbung in Fachzeitschriften

Werbung in Fachzeitschriften vor Messebeginn kann Abnehmer positiv für Ihr Produkt oder Unternehmen beeinflussen. Für Messen mit Bundes- oder Länderbeteiligung werden besondere Messemagazine gedruckt, die in der Regel kostenlos an Besucher und Interessenten abgegeben werden. Hier sind besonders die beiden führenden Verlage, die ÜBERSEE-POST in Nürnberg und der VOGEL VERLAG in Würzburg zu erwähnen. Ebenso ist das Prospekt- und Werbematerial auf das Land und seine Bedürfnisse abzustellen. Achten Sie dabei besonders auf die landesüblichen Sitten und Gebräuche (siehe auch 3.2.2 Seite 22). Wo eine leichtbekleidete junge Dame in einem Katalog zur ,,Pornographie'' wird, wo sie das Empfinden der Besucher verletzt oder wo sie nur Verärgerung hervorruft: Das sind Aufgaben für Ihre Marketingabteilung.

10 Die Kalkulation von Auslandspreisen

10.1 Die Preisbildung im Außenhandel

Ob Sie Ihr Produkt erfolgreich im Auslandsmarkt absetzen können, hängt u.a. von folgenden Faktoren ab:

Bedarf
Kaufkraft
Konkurrenzverhalten
Produktgestaltung
Produktaufmachung
Preis
Lieferbedingungen
Zahlungsbedingungen
Werbung.

Bei vergleichbaren Produkten konkurrierender Unternehmen entscheidet nicht mehr allein der Preis, sondern neben anderen oben aufgeführten Faktoren speziell auch die Liefer- und Zahlungsbedingungen (vgl. Seite 59) über den tatsächlichen „Preis" bzw. den Verkaufswert Ihres Produktes.

Angebotspreis
+ Lieferbedingungen
+ Zahlungsbedingungen   } = preisbegleitende Konditionen
= tatsächlicher „Preis" / Verkaufswert Ihres Produktes

Grundsätzlich haben Preise und preisbegleitende Konditionen im Exportgeschäft die gleiche Bedeutung wie im Inlandsgeschäft. Mit der Festlegung eines bestimmten Angebotspreises und den ergänzenden Konditionen sollen üblicherweise zwei Dinge erreicht werden:

1. Kostendeckung sowie ein angemessener Gewinn

2. Ausreichender mengenmäßiger Absatz

Eine kostendeckende Kalkulation im Exportgeschäft ist nur dann möglich, wenn alle zusätzlichen Kosteneinflußgrößen bekannt sind, die der grenzüberschreitende Waren- und Leistungsverkehr mit sich bringt.

Eine ausschließlich von den Kosten ausgehende Preisfestsetzung auf Auslandsmärkten ist jedoch meist ebenso unmöglich wie auf dem Inlandsmarkt. Denn neben den Kosten sind bei der Festlegung der Preise die spezifischen Marktverhältnisse (Kaufkraft, Preisniveau, Wettbewerb, staatliche Preisvorschriften usw.) zu berücksichtigen, als auch ein Bündel weiterer Faktoren. Diese beinhalten unter dem Begriff „Konditionen" verschiedene preisgestaltende Maßnahmen, wie zum Beispiel Rabatte, Liefer- und Zahlungsbedingungen, Serviceleistung.

Für den erfolgreichen Absatz im Ausland ist somit die Festlegung des „richtigen" Exportpreises unter Berücksichtigung spezifischer preisbegleitender Konditionen von größter Bedeutung. Da jeder Markt spezielle Eigenheiten aufweist, die beispielsweise in unterschiedlichen wirtschaftlichen, politischen oder kulturellen Strukturen begründet sind, wird üblicherweise auch die Festlegung des „richtigen" Verkaufspreises von Markt zu Markt nach unterschiedlichen Kriterien erfolgen.

Hierzu ist es notwendig, daß alle Daten des Exportmarktes ermittelt werden, die für die Preisbestimmung von Bedeutung sind. Eine gründliche Marktforschung gehört daher genauso zu den Ausgangspunkten jeder Preis- und Konditionenpolitik wie die systematische Erfassung aller durch den Export bedingten Kosteneinflußfaktoren.

Der „richtige" Verkaufspreis ist dann oftmals die Kombination von Preis und preisbegleitenden Konditionen, bei dem die gegebenen Marktbedingungen einerseits und die Kosten andererseits ausgewogen berücksichtigt sind.

Ihr Auslandspreis sowie die preisbegleitenden Konditionen sind dann „richtig", wenn

— sich Ihr Angebot gegenüber dem Wettbewerb durchsetzen läßt;

— die geplante Absatzmenge innerhalb des vorgegebenen Zeitraumes erreicht wird;

— der angestrebte Gewinn erzielt wird.

10.2 Methoden der Außenhandelskalkulation

Die Außenhandelskalkulation wird meist in Form der Zuschlagskalkulation (progressive Kalkulation) durchgeführt. Hierbei werden zu den bekannten Selbstkosten des Herstellers alle durch den Export verursachten zusätzlichen Kosten (Verpackung, Transport, Versicherung, Zahlungssicherung usw.) addiert. Man erhält den Angebotspreis, der alle Kosten deckt. Mit der progressiven Kalkulation lassen sich alle Preisstellungen gemäß den INCOTERM- Klauseln (vgl. Seite 61) ermitteln.

Soweit der Verkaufspreis auf einem Auslandsmarkt durch die Konkurrenz vorgegeben ist, kann der Exporteur mit der retrograden Kalkulationsmethode feststellen, ob diese Verkaufspreise nach Abzug der verschiedenen Kosten noch die Selbstkosten decken.

Vollkostenkalkulation

Bei dieser Kalkulationsmethode werden in Form einer Zuschlagskalkulation alle anfallenden Kosten aufaddiert. Als Ergebnis erhält man die Selbstkosten.

Diese beinhalten also neben allen direkten mit der Produktion und dem Vertrieb verbundenen Kosten (wie Material, Fertigungslöhne, Frachten, Provisionen), auch alle indirekten Kosten (Materialgemeinkosten, Fertigungsgemeinkosten, Vertriebsgemeinkosten, Verwaltungsgemeinkosten usw.).

Langfristig sollten diese auf Vollkostenbasis ermittelten Selbstkosten durch die im Auslandsmarkt erzielten Verkaufspreise gedeckt werden. Solange dies nicht erreicht ist, sind die Auslandsumsätze nicht kostendeckend, ein Gewinn wird nicht erwirtschaftet.

Teilkostenkalkulation

Vielfach ist es jedoch so, daß der ausländische Markt zunächst nur eine niedrigere Preisstellung ermöglicht, als sie zur Vollkostendeckung erforderlich ist. Je nach Ihren Zielen auf diesem Markt werden Sie daher vorübergehend gezwungen sein, diese unter den Vollkosten liegenden Preise zu akzeptieren, um zum Beispiel überhaupt einen Einstieg in den Markt zu finden oder um die Konkurrenz zu verdrängen.

Mit Hilfe der Teilkostenrechnung (Grenzkostenrechnung) ist es dann möglich festzustellen, in welchem Ausmaß der Preis reduziert werden kann, bis hin zur absoluten Preisuntergrenze. Diese ist erreicht, wenn durch den Verkaufspreis nur noch die direkt mit der Produktion und dem Vertrieb dieses Produktes verbundenen Kosten gedeckt sind.

In dem Maß, wie der Verkaufspreis über die absolute Preisuntergrenze angehoben werden kann, wird ein Deckungsbeitrag erwirtschaftet zur Abdeckung eines mehr oder weniger großen Anteiles der übrigen direkten Kosten.

Die Fixierung von Verkaufspreisen unterhalb der Vollkostendeckung kann nur vorübergehend erfolgen, um bestimmte marktpolitische Ziele zu erreichen. Auf lange Sicht müssen die erzielten Preise jedoch die volle Kostendeckung ermöglichen, damit das Unternehmen existenzfähig bleibt.

10.3 Besondere Kosten im Außenhandel

Zu Ihren Selbstkosten ,,ab Werk'' müssen Sie je nachdem, welche Transportart zur Anwendung kommt und bis zu welcher Übergabestelle Sie sich zu liefern verpflichtet haben, noch folgende ,,exportbezogenen'' Kosten hinzuaddieren:

Beim Transport per Schiff, zum Beispiel:

Transportkosten ab Werk bis zum Verschiffungshafen
+ Transportversicherung bis zum Verschiffungshafen
+ Lagerkosten, Hafengebühren und Umschlagskosten auf das Schiff
+ Kosten der Ausfuhrabfertigung
+ Kosten des Seehafenspediteurs
+ Seefracht bis Bestimmungshafen
+ Seetransportversicherung
+ Kosten der Einfuhrabfertigung
+ Kosten des Hafenumschlags
+ Kosten der Zahlungsabwicklung
+ Kosten der Finanzierung
+ Kosten der Kreditversicherung
+ Aufwendungen für nützliche Abgaben
+ Provisionen für den Auslandsvertreter

= **Besondere Kosten im Außenhandel**

11 Auftragsabwicklung

Bei der Auftragsabwicklung haben das exportierende Unternehmen, der Exportleiter und der Exportsachbearbeiter viele Vorschriften zu beachten. Dabei bewegen sie sich in verschiedenen Rechtsgebieten, wie z.b. HGB, BGB, AWG und AWV, Deutsches Zollgesetz, EG-Zollrecht, Präferenzabkommen der EWG mit den EFTA-Staaten, Madrider Ursprungsabkommen, Produkthaftpflicht anderer Länder — um nur einige zu nennen. Verstöße gegen geltende Rechtsvorschriften der Bundesrepublik, der EWG oder anderer Länder können erhebliche Folgen für das Unternehmen und/oder den Exportsachbearbeiter haben.

Immer wieder stellen wir in Seminaren Unsicherheit bei Exportsachbearbeitern in der Abwicklung von Exportaufträgen fest. Andererseits ist es unmöglich, alle Verordnungen und Vorschriften zu kennen. Wichtig sind aber grundsätzliche Kenntnisse der Rechtssysteme, um Entscheidungen treffen zu können oder Fehlentscheidungen zu verhindern.

Bei Erhalt einer Anfrage oder eines Auftrages ist eine systematische Prüfung anhand der Checkliste notwendig. Bei umfangreichen Aufträgen, oder solchen, die ein Zusammenarbeiten verschiedener Abteilungen im großen Stil erforderlich machen, sind entsprechende Organisationsanweisungen zu erstellen. Bei konsequenter Verwendung der Checkliste entstehen keine Abwicklungsprobleme.

11.1 Gesetzliche Vorschriften

Folgende Rechtsvorschriften haben direkten Einfluß auf die Exportabwicklung, bzw. auf die verwendeten Exportpapiere:

— AWG/AWV — Außenwirtschaftsgesetz/Außenwirtschaftsverordnung
— Zollrecht — deutsches Zollgesetz/EG-Zollrecht
— AHStG — Gesetz zur Außenhandelsstatistik
— Präferenzrecht — Präferenzabkommen der EWG mit EFTA-Staaten.

11.1.1 AWG / AWV

Das Außenwirtschaftsgesetz der Bundesrepublik Deutschland besteht seit dem 28. April 1961. Es löste die nach dem Zweiten Weltkrieg geltenden Militärregierungs-Verordnungen (Devisenbewirtschaftungsgesetze) ab. Grundsätzlich ist

der Waren-, Dienstleistungs-, Kapital-, Zahlungs- und sonstige Wirtschaftsverkehr mit fremden Wirtschaftsgebieten ... frei.

Beschränkungen und Genehmigungspflichten bestehen dort, wo die Sicherheiten der Bundesrepublik oder wesentliche wirtschaftliche Interessen der Bundesrepublik berührt werden. Interessen der Bundesrepublik können genauso Interessen der EWG und der westlichen Bündnispartner sein. Es sind dies:

a) Schutz der Sicherheit und der auswärtigen Interessen

b) Abwehr schädigender Einwirkungen aus fremden Wirtschaftsgebieten.

Zu a) gehören Verbote und Einschränkungen bei der Lieferung von Waffen, Munition, Kriegsgerät und strategisch wichtigen Gütern. Eine große Rolle spielen hier die Vorschriften des COCOM. Dieses Coordinating Committee for East-West Trade policy wurde 1951 gegründet. Mitgliedstaaten sind die USA, Großbritannien, Frankreich, Japan und die EG. In der Praxis also die westlichen Bündnispartner.

Während der jährlichen Versammlungen des COCOM in Paris werden die Produkte und Güter festgelegt, die nicht in den ,,kommunistischen Machtbereich" gelangen sollen. Diese COCOM-Liste wird von den Mitgliedsländern in deren Außenwirtschaftsgesetz eingearbeitet. In der Bundesrepublik wird die Warenaufstellung in die ,,Ausfuhrliste", Anlage zur AWV, aufgenommen. Die Gliederung erfolgt nach dem Warenverzeichnis für Außenhandelsstatistik.

Ob für den Export einer Ware eine Ausfuhrgenehmigung nach dieser Ausfuhrliste benötigt wird, hängt *nicht vom Käuferland,* sondern von dem *Produkt* ab.

Ausfuhrgenehmigung — Verfahren

Sollen Produkte exportiert werden, die von der Ausfuhrliste erfaßt sind, ist eine Ausfuhrgenehmigung notwendig. Genehmigungsbehörde ist das

Bundesamt für Wirtschaft (BAW)
Frankfurter Str. 23—31
6236 Eschborn.

Die Genehmigung ist mit einem bei der IHK erhältlichen Formblatt zu beantragen. Es empfiehlt sich, dem Antrag ausführliche technische Beschreibungen der Ware beizufügen, da die Ausfuhrgenehmigung von einer Vielzahl technischer Kenndaten abhängig ist. Auch in Zweifelsfällen können Sie beim BAW anfragen. Ist keine Ausfuhrgenehmigung erforderlich, so erhalten Sie eine sogenannte ,,Negativbescheinigung'', die bei der Ausfuhr der Zollstelle vorgelegt werden kann.

Um zu verhindern, daß die Ware aus dem Käuferland ausgeführt und damit letztlich in ein Land des ,,kommunistischen Machtbereichs'' gelangt, sind dem Antrag bestimmte Nachweise beizufügen, daß der Verbleib der Ware im Käuferland überwacht wird. Die Nachweisart ergibt sich aus den Vorschriften der AWV. Ist Käuferland und/oder Bestimmungsland ein Land, das in der Länderliste D genannt ist, so hat der Verkäufer sich von seinem Kunden zunächst eine ,,Einfuhrbescheinigung'' ausstellen zu lassen. Diese Einfuhrbescheinigung (International Import Certificate) ist zur Zeit für folgende Länder erforderlich:

Belgien, Dänemark, Finnland, Frankreich, Griechenland, Großbritannien und Nordirland, Irland, Italien, Japan, Jugoslawien, Kanada, Luxemburg, Niederlande, Norwegen, Österreich, Portugal, Schweden, Schweiz, Singapur, Spanien, Türkei, USA. Die politischen Änderungen in Osteuropa haben bisher noch keine Auswirkung auf die ,,COCOM-Liste'' gehabt.

Zu b) gehört die Überwachung, Kontingentierung oder Genehmigungspflicht für Einfuhren besonders ,,sensibler'' Waren. Sensibel werden sie dann bezeichnet, wenn die Einfuhr solcher Waren in größerem Umfang zu einer Schädigung der Wirtschaft der Bundesrepublik oder der EG führen kann. Dies gilt besonders für den Textilbereich. Einfuhrgenehmigungen für solche Waren sind ebenfalls beim BAW zu beantragen.

Ausfuhrlizenzen / Einfuhrlizenzen

Von Aus- bzw. Einfuhrlizenzen spricht man bei Produkten landwirtschaftlicher Marktordnung. Die zuständigen Genehmigungsbehörden und ggf. auch Auskunftsstellen sind:

für Getreide und Futtermittel, Zucker und Rohtabak, Fette, für Schlachtvieh, Fleisch und Fleischerzeugnisse:

Bundesanstalt für landwirtschaftliche Marktordnung (BALM)
Adickesallee 40
6000 Frankfurt am Main 18

Für alle übrigen Erzeugnisse der Land- und Forstwirtschaft:

Bundesamt für Ernährung und Forstwirtschaft (BEF)
Adickesallee 40
6000 Frankfurt am Main 18

Das Außenwirtschaftsgesetz gilt im Wirtschaftsgebiet, das heißt im Geltungsbereich dieses Gesetzes. Hinzukommen Zollanschlüsse. (Zollanschlüsse: Ausländische Hoheitsgebiete, die aus geographischen oder verkehrstechnischen Gründen dem deutschen Zollgebiet angeschlossen sind. Derzeit die österreichischen Gemeinden Jungholz und Mittelberg).

Fremde Wirtschaftsgebiete sind alle Gebiete außerhalb des Wirtschaftsgebietes.

11.1.2 Zollrecht

Das nationale deutsche Zollrecht wurde weitgehend vom EG-Zollrecht abgelöst. Die Gesetze aus dem EG-Zollrecht werden EWG-Verordnungen genannt. Solche Verordnungen haben unmittelbare Wirkung und Geltung in den Ländern der Gemeinschaft, zum Beispiel Verordnung über das gemeinschaftliche Versandverfahren (gVV). Die Zollverwaltung hat folgende Aufgaben bei grenzüberschreitenden Verkehr:

— Überwachung der Aus-/Einfuhr von Waren
— Überwachung der Einhaltung der Vorschriften aus dem AWG
— Erhebung von Zöllen bei der Einfuhr aus Drittländern

In Zukunft wird das Zollrecht der EG die noch teilweise bestehenden und geltenden Vorschriften der nationalen Zollgesetze in den EG-Mitgliedsstaaten ablösen. Im Handel der EG-Staaten untereinander spricht man nicht mehr von einer Ausfuhr oder Einfuhr, sondern von einem Versand, bzw. von einem Bezug. Vorgesehen ist eine Harmonisierung aller abweichenden Bestimmungen und Vorschriften bis 1992. (EG-Binnenmarkt).

Das *Zollgebiet der Gemeinschaft* (EWG) umfaßt grundsätzlich die Hoheitsgebiete der Mitgliedsstaaten. Daraus ergibt sich, daß Ware, die in einem der Mitgliedstaaten hergestellt oder eingeführt wurde, innerhalb der EWG frei ,,zirkulieren'' kann. Für eine solche Ware wird bei dem Verkauf in ein anderes EG-

Land kein Zoll fällig, sondern lediglich die im Augenblick geltende Mehrwertsteuer fällig, die bei gewerblichen Einfuhren in der Regel als Vorsteuer abgesetzt werden kann.

Die EWG besitzt einen gemeinsamen Außenzoll und es spielt keine Rolle, an welchem Ort der Gemeinschaft die Einfuhr aus einem Drittland (nicht zur EG gehörend) erfolgt. Es könnte auch eines der überseeischen französischen Departements, wie Reunion, Guayana, Guadeloupe und Martinique oder Saint Pierre Miquelon sein.

Präferanzabkommen der EWG mit den EFTA-Staaten

Um die Präferenzabkommen in ihrer Wirkungsweise zu verstehen, muß man sich zunächst den Unterschied einer Zollunion, wie sie die EWG darstellt, und einer Freihandelszone, wie sie die EFTA-Staaten untereinander vereinbart haben klarmachen. Die EWG besitzt einen gemeinsamen Außenzoll und eine Ware, die einmal eingeführt und verzollt wurde, kann ohne Erhebung von Zollabgaben beliebig oft von einem EG-Land in das andere verkauft werden.

In einer Freihandelszone besitzen die Mitgliedsländer eine autonome Zollgesetzgebung. Sie haben sich untereinander lediglich für solche Waren Zollfreiheit eingeräumt, die ihren ,,Ursprung'' in einem anderen Mitgliedsland dieser Freihandelszone hat. Ware aus einem Drittland aber, die in einem Mitgliedsland eingeführt und verzollt wurde, muß beim Verkauf in ein anderes Mitgliedsland dort nochmals Zoll bezahlen. Ein ,,freier Warenverkehr'' wie in der EWG ist also in der EFTA nicht möglich.

Um den Handel zwischen den EFTA-Staaten und der EWG zu fördern, wurde eine Präferenzbehandlung für Ursprungsware der Abkommenspartner vereinbart. Das bedeutet, daß gewerbliche Güter (keine Produkte aus Land- und Forstwirtschaft, sowie Ernährung), die ihren Ursprung in der EWG haben, zollfrei in den EFTA Staaten eingeführt werden können, oder umgekehrt. Der Ursprung der Ware ist dabei nach sehr strengen Kriterien definiert und wird mit einer Warenverkehrsbescheinigung EUR1 nachgewiesen.

Verfahren und Konsequenzen

Die Zollfreiheit im Rahmen der Präferenzabkommen der EWG mit den EFTA-Staaten wird nur für sogenannte ,,Ursprungserzeugnisse'' gewährt.

Da zur Herstellung einer Ware in der Regel auch Vormaterial verwendet wird,

dessen Ursprung nicht bekannt ist, oder dessen Ursprung in einem Land außerhalb dieser Präferenzabkommen (also ein Land, das weder zur EWG, noch zur
EFTA gehört) liegt, muß in jedem Fall geprüft werden, ob für das zum Export
in ein EFTA-Land vorgesehene Produkt eine Warenverkehrsbescheinigung
ausgestellt werden kann. Hierzu können Sie die Vorschriftensammlung des
Bundesfinanzministers (VSF), Warenursprung und Präferenzen, bei Ihrer IHK
einsehen. Besser aber lassen Sie Ihre Mitarbeiter in entsprechenden Seminaren
der IHK schulen und beraten sich mit Ihrem Zollamt. Folgende Kenntnisse
bzw. Angaben sind erforderlich:

— Feststellen der Zolltarifnummern der Exportprodukte

— Feststellen der Zolltarifnummern der in der Fertigung verwendeten Vorprodukte (Rohmaterial, etc)

— Ursprung der in der Fertigung verwendeten Vorprodukte.

Betrachten Sie Warenverkehrsbescheinigungen genauso wie Steuererklärun-
gen. Durch die Präferenzbehandlung entgehen dem Empfangsstaat Zolleinnah-
men in erheblichem Umfang. Deshalb haben sich die Vertragspartner verpflichtet, die in ihrem Land ausgestellten Warenverkehrsbescheinigungen durch ihre
Zollverwaltungen nachzuprüfen, wenn ein entsprechendes Ersuchen des Emp-
fangslandes vorliegt. Wird festgestellt, daß z.B. ein deutsches Unternehmen eine oder mehrere Warenverkehrsbescheinigung zu Unrecht ausgestellt hat, werden im Empfangsland die Zollabgaben nachträglich erhoben. Diese fordert der
Kunde von dem deutschen Unternehmen zurück. Gleichzeitig können Bußgel-
der durch die deutsche Finanzverwaltung erhoben werden. Bei Vorsatz sind
auch Haftstrafen möglich.

Da zur Zeit noch der Zollsachbearbeiter, also die Person, die Warenverkehrsbescheinigungen EUR1 oder Rechnungserklärungen nach Wortlaut der bisherigen Formblätter EUR2 unterschreibt, persönlich haftet, sollten Sie als Unternehmer von Ihren Angestellten nichts Unmögliches verlangen oder erwarten.

Ursprungsrecht der EWG

Eine Reihe von Ländern, insbesondere in Lateinamerika, Afrika, und Asien
verlangen bei der Einfuhr ein ,,Ursprungszeugnis''. Mit einem solchen Ursprungszeugnis wird der Ursprung einer Ware nachgewiesen. Ursprungszeug-
nisse werden von den Industrie- und Handelskammern und den Handwerkskam-
mern ausgestellt und vom Exporteur dort beantragt. Die Ursprungskriterien
sind nicht so streng wie im Präferenzrecht.

Grundsätzlich gilt in der EWG-Verordnung No. 802/68:

Sind an der Herstellung einer Ware zwei oder mehr Länder beteiligt, so hat die Ware ihren Ursprung dort, wo die *letzte, wesentliche, wirtschaftlich gerechtfertigte Be- oder Verarbeitung ...* stattgefunden hat.

Bei der Ursprungsbeurteilung wird sich die IHK also auf die Frage konzentrieren, ob die Be- oder Verarbeitung so wesentlich ist, daß ein Ursprungswechsel stattfindet. Dabei wird berücksichtigt, wie kompliziert und komplex die Herstellung ist, ob zur Herstellung eigene Fertigungseinrichtungen, Know-How, Technologie, etc. erforderlich sind und ob durch die Be- oder Verarbeitung das Produkt seine endgültige Funktion erlangt. Nicht berücksichtigt werden dabei Wertkriterien. Wertschöpfung kann allenfalls ein Indiz bei der Bewertung einer ,,wesentlichen'' Be- oder Verarbeitung sein.

Einschränkende und zusätzliche Verordnungen gibt es für eine Reihe von Waren, wie Textilprodukte, Fernsehgeräte, Videogeräte und Tonbandgeräte. Sprechen Sie darüber mit dem zuständigen Referenten bei Ihrer Industrie- und Handelskammer.

11.2 Der Weg des Exportauftrags durch den Betrieb

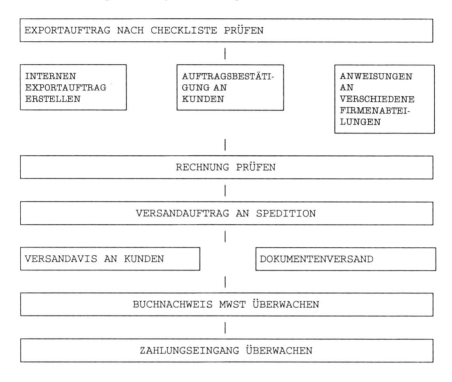

EXPORTAUFTRAG NACH CHECKLISTE PRÜFEN

|

INTERNEN EXPORTAUFTRAG ERSTELLEN

AUFTRAGSBESTÄTIGUNG AN KUNDEN

ANWEISUNGEN AN VERSCHIEDENE FIRMENABTEILUNGEN

|

RECHNUNG PRÜFEN

|

VERSANDAUFTRAG AN SPEDITION

|

VERSANDAVIS AN KUNDEN

DOKUMENTENVERSAND

|

BUCHNACHWEIS MWST ÜBERWACHEN

|

ZAHLUNGSEINGANG ÜBERWACHEN

11.2.1 Export / Verkaufsabteilung

EXPORTAUFTRAG NACH CHECKLISTE PRÜFEN

Bereits bei Erhalt der Kundenanfrage und/oder Abgabe des Angebots an den Kunden haben Sie nach der CHECKLISTE geprüft. Diese Prüfung hatte bis zum Punkt Auftragsbestätigung zu erfolgen. Bevor Sie den Auftrag des Kunden bestätigen, muß jetzt eine erneute Prüfung nach allen Punkten der Checkliste in Verbindung mit dem Kundenauftrag erfolgen.

80

AUFTRAGSBESTÄTIGUNG AN KUNDEN

Dem Kunden wird der Auftrag bestätigt. Können irgendwelche Konditionen oder Vorschriften aus dem Auftrag nicht erfüllt werden, oder wollen Sie sich bestimmten Bedingungen nicht unterwerfen, so ist diesen einzelnen Punkten zu widersprechen und um Änderung zu bitten. In diesem Fall wurden die Auftragsbedingungen von Ihnen abgelehnt und der Auftrag kann erst als verbindlich betrachtet werden, wenn der Kunde Ihre Änderungswünsche bestätigt.

In der Auftragsbestätigung sind die wichtigsten Punkte zu wiederholen, z.B. Lieferzeit, Transportweg. Wurde als Zahlungsbedingung Vorauskasse oder Dokumenten-Akkreditiv gewählt, so gilt der Auftrag selbstverständlich erst als verbindlich, wenn:

— bei Vorauskasse das Geld vorbehaltlos Ihrem Konto gutgeschrieben wurde, und

— bei Dokumenten-Akkreditiv das Akkreditiv eröffnet und Ihnen von der deutschen Bank avisiert und/oder zugesandt wurde.

INTERNEN EXPORTAUFTRAG ERSTELLEN

Der interne Exportauftrag ist die Arbeitsgrundlage für die einzelnen Firmenabteilungen. Er muß daher in einer Form aufgemacht sein, die es allen Mitarbeitern ermöglicht, Zusammenhänge zu erkennen und den Auftrag korrekt auszuführen. Die fremdsprachigen Anweisungen des Kunden müssen daher in die deutsche Sprache übersetzt werden, wenn z.B. in der Packerei oder Versandabteilung keine oder nicht die geforderten Fremdsprachenkenntnisse vorhanden sind.

In den meisten Unternehmen hat sich die Verwendung eines Standardvordruckes bewährt. So sind die gleichen Informationen immer an der gleichen Stelle zu finden. Ein solcher EA könnte eine Form wie auf S. 82 haben.

In diesen ,,Auftragskopf'' können Sie natürlich auch alle anderen oder zusätzlichen Angaben, die für Ihr Produkt oder Ihr Unternehmen wesentlich sind, aufnehmen.

E X P O R T A U F T R A G

Kunden No.

EA No.

Termin:

Land

Bestellung von:

Versand an:

Akkreditiv No.:

Kd.Auftrag No.

vom:

FOB
Hamburg/Bremen,
FOB
Flughafen
. . . .
frei Grenze
BRD, ab Werk

Verpackung:

Maße:

Brutto:

Netto:

Rechnung dt/engl/frz/span

-fach

UZ

WVB:

Versicherung:

Rechnungsvermerk:

82

ANWEISUNGEN AN VERSCHIEDENE FIRMENABTEILUNGEN

Besteht der EA aus mehreren Blättern, so können diese als Arbeitsanweisung an die einzelnen Firmenabteilungen gegeben werden, z.b.:

An Einkauf: Beschaffung von Handelsware
an Fertigung: Planung und Produktion
an Packerei: Termingerechte Besorgung von Packmaterial
an Versandabteilung: Buchung von Frachtraum, etc.

Bei komplexeren Aufträgen sollten die Arbeitsanweisungen an die einzelnen Abteilungen separat mit Terminangabe erfolgen. Dazu ist es erforderlich, daß eine Stelle oder Person eine kontrollierende Funktion erhält: Stabstelle, Export-Controlling.

RECHNUNG PRÜFEN

Im Überseegeschäft und vor allem bei Zahlung gegen Akkreditiv lassen sich die mit EDV erstellten Handelsrechnungen nicht verwenden, bzw. müssen ergänzt oder geändert werden. Beim Prüfen der Handelsrechnung sind sehr sorgfältig alle Länder-, Kunden- und/oder Akkreditivvorschriften zu prüfen. Gerade beim Akkreditiv kommt es auf ,,buchstabengetreue`` Erfüllung an (Zahlungsabwicklung und Zahlungssicherung Seite 96)

11.2.2 Versandabteilung

Der Versandauftrag an Ihren Spediteur hat so zu erfolgen, daß keine Fehler beim Transport der Ware entstehen können und daß Sie den Spediteur bei fehlerhaft ausgestellten Dokumenten (Akkreditiv-Zahlung) für mögliche Verluste haftbar machen können. Im einzelnen sollte im Versandauftrag enthalten sein:

1. Beschaffenheit der Sendung, Anzahl der Kisten, Gewichte, Maße.
2. Art des Inhalts, allgemeine Beschreibung genügt, ggf. Gefahrenklasse.
3. Wert der Sendung
4. Art des Vortransports (bei Seefracht, Luftfracht)
5. Versanddatum

6. Versandanschrift
7. Versandart
8. Versicherung
9. Frachtzahlung
10. Art der beigefügten Versandpapiere
11. Anzahl und Art der gewünschten Dokumente
12. Anschrift für Dokumentenversand
13. Verladetermin

Bei Akkreditivsendungen ist immer eine Akkreditiv-Kopie dem Versandauftrag beizufügen. Der Versandauftrag kann ebenfalls durch ein standardisiertes Formular ersetzt werden.

VERSANDAVIS AN KUNDEN

Bei endgültiger Verladung an den Kunden, also per Luftfracht, Bahnfracht, LKW, Post oder Seefracht, ist dem Kunden die Sendung zu avisieren. In diesem Versandavis müssen alle wichtigen Daten, wie Anzahl und Art der Packstücke, Container No., Gewicht und Maße der Sendung sowie Lieferanschrift angegeben sein. Das Versandavis soll den Kunden in die Lage versetzen, seinen Spediteur oder Zollagenten über das Eintreffen der Sendung zu informieren. Bei Belieferung gegen offene Rechnung werden dem Versandavis immer die Rechnung und alle übrigen zur Zollabfertigung erforderlichen Dokumente beigefügt.

DOKUMENTENVERSAND

Bei offener Rechnung oder Vorauskasse:

Dokumente mit Rechnung und Versandavis an Kunden. Dabei darauf achten, daß die Dokumente in Erst- und Zweitpost versandt werden, um zu vermeiden, daß alle Dokumente in einer Postsendung verloren gehen können. Bei negoziierbaren Dokumenten, wie z.B. B/L (Seefrachtkonnossement) ist der Satz Original-Dokumente ebenfalls auf Erst- und Zweitpost aufzuteilen.

NB: Erst- und Zweitpost mit einigen Tagen Abstand absenden.

Bei Dokumenten-Inkasso:

Originaldokumente bei Ihrer Bank zum Inkasso durch die Hausbank Ihres Kunden einreichen. (siehe Seite 94)

Kopie-Dokumente an Kunden zusammen mit Versandavis senden.

Bei Dokumenten-Akkreditiv:

Originaldokumente gemäß Akkreditivbestimmungen bei der angegebenen Bank einreichen. (siehe Seite 96)

Kopie-Dokumente gemäß Akkreditivbestimmungen zusammen mit Versandavis an Kunden senden.

11.2.3 Buchhaltung

Ausfuhrsendungen sind umsatzsteuerfrei. Voraussetzung dafür ist, daß ein entsprechender Buchnachweis geführt wird. Für Ausfuhrsendungen wird als Buchnachweis von der Finanzverwaltung vorgeschrieben bzw. anerkannt:

Für alle Sendungsarten:

Durchschrift der Ausfuhrerklärung
Kopie der Handelsrechnung
zusätzlich bei

Postsendungen:
— Posteinlieferungsbescheinigung

LKW-Sendungen
— Spediteurbescheinigung für Umsatzsteuerzwecke, oder
— Internationaler Frachtbrief

Bahnsendungen
— Internationaler Bahnfrachtbrief

Luftfracht
— Spediteurbescheinigung für Umsatzsteuerzwecke, oder
— Kopie AWB (Luftfrachtbrief)

Seefracht
— Spediteurbescheinigung
— Kopie B/L (Seefrachtkonnossement)

Diese Buchnachweise sind zusammen mit den Handelsrechnungen aufzubewahren.

ZAHLUNGSEINGANG ÜBERWACHEN

Nichtaufnahme von Dokumenten bei Inkassosendungen, Überziehung von Zahlungsfristen, Transferschwierigkeiten etc. fressen die teilweise ohnehin knappen Gewinnspannen im Exportgeschäft auf. Aus diesem Grund sind die Zahlungseingänge regelmäßig zu überwachen, damit ggf. die Kalkulation oder die Zahlungsbedingung für einen Kunden geändert werden kann.

Ferner sind Verzögerungen, die plötzlich in der Zahlung durch Kunden, die bisher termingerecht bezahlt hatten, eintreten, oft ein Hinweis auf wirtschaftliche Schwierigkeiten beim Kunden. Zukünftige Sendungen sind dementsprechend zu betrachten. Die Einholung von Auskünften durch Banken, Auskunfteien und andere deutsche Lieferanten empfiehlt sich.

12 Zahlungsabwicklung und Zahlungssicherung im Außenhandel

Übersicht über die wichtigsten Zahlungsbedingungen

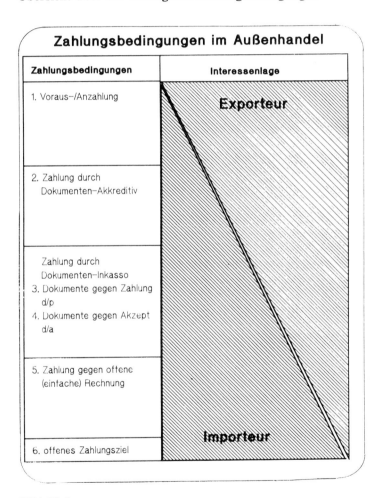

Bild 12.1

Zahlungsbedingungen

Sie klären
— Geldeingangsrisiko
— Wareneingangsrisiko
— Wer übernimmt die Finanzierung des Geschäftes

12.1 Offenes Zahlungsziel

Voraussetzung:
Der Exporteur hat absolutes Vertrauen in den Importeur.

Als Exporteur geben Sie dem Importeur die Freiheit, erst die Ware zu verkaufen und dann zu bezahlen. Z.B. 90 Tage nach Warenversand (engl.: 90 days after goods delivery).

Nachteil:
Der Exporteur hat das Ausfallrisiko und muß die Finanzierung sicherstellen — Finanzierungskosten.

Empfehlung:

— Vermeiden Sie eine Zeitberechnung ab ,,Wareneingang`` = receipt of goods, den Sie oft nicht prüfen können.
  Besser ist z.B. 60 Tage nach Rechnungsdatum = 60 days after invoice date oder 90 Tage nach Warenversand.

— Lassen Sie einen Wechsel akzeptieren.

Vorteil:
— Umwandlung der Buchforderung in eine wertvollere Wechselforderung (vom Grundgeschäft losgelöste Sicherung)
— zinsgünstige Finanzierung

Hinweis: Durch den Wegfall der dt. Wechselsteuer seit 1.1.1992 bringt die Verwendung von Solawechseln = Promissory Notes anstelle von gezogenen Wechseln keine Vorteile mehr.

Sicherungsmöglichkeit:
— Bankzahlungsgarantie für laufende Geschäfte.
— Evtl. Wechselaval einer Bank.

12.2 Zahlung gegen einfache Rechnung (= payment after receipt of invoice)

Sie ist die häufigste Zahlungsbedingung für Lieferungen nach Westeuropa und Nordamerika. Großes Vertrauen in den Käufer muß hierbei vorausgesetzt werden.

12.2.1 Arten des Banktransfers

Brieflicher Bank-Zahlungsauftrag

Vorteil:
Zwischen allen Korrespondenzbanken weltweit möglich.

Nachteil:
Evtl. lange Postlaufzeiten, manuelle Bearbeitung, Fälschungs- und Verlustrisiko. Er wird/wurde durch SWIFT abgelöst.

Swift-Zahlung

(S.W.I.F.T. = Society for Worldwide Interbanking Financial Telecommunication)

Vorteil:
Schnell, sicher, standardisiert, keine Mehrkosten. An das Verbundsystem zur Datenfernübertragung sind alle bedeutenden Banken in rd. 80 Ländern angeschlossen.
Etliche Banken haben einen Swift-Anteil am Überweisungsverkehr von über 80%.

Fernschriftliche und telegrafische Zahlungen

Vorteil: Schnell

Nachteil: Manuelle Bearbeitung mit Sicherheitsverschlüsselung, teurer als Swift.

Scheckzahlung

Der Scheck ist das allgemeine Zahlungssystem in Großbritannien und Nordamerika. Im wesentlichen gibt es 2 Formen:

a) den von einer Bank ausgestellten Orderscheck oder Bankscheck und
b) den vom Zahlungspflichtigen selbst ausgestellten Privatscheck.

a) Bankscheck

Vorteil:
In der Regel sofortige Gutschrift, Eingang vorbehalten = E.v.
Unterschrift und Bonität können geprüft werden.

Nachteil: Postlaufrisiko, Fälschungsrisiko

b) Privatscheck

Vorteil: für den Aussteller = Importeur: späte Belastung

Nachteil: für den Empfänger = Exporteur:
— Zinsmäßig späte Gutschrift
— Gefahr der Nichteinlösung
— Kursrisiko bei Fremdwährungsschecks, die zum Inkasso versandt wurden (Gutschrift nach Eingang) oder nach Gutschrift E.v. zurückbelastet werden.

MERKE:
Für eine sofortige Gutschrift E.v. ist ausschließlich die Bonität des Scheckeinreichers = Exporteur maßgebend und nicht die Bonität des Schuldners.

Bankkosten

Beim Zahlungsverkehr sind 1,5 ‰ Abwicklungsprovision üblich. Bei Fremd-währungen: 0,25 ‰ Courtage = Maklergebühr.

12.2.2 Wie können Exportzahlungen beschleunigt werden?

Ziel des Exporteurs muß sein:

1. Informationsvorsprung erzielen (oft ist ein Warenversand vom Zahlungsein-gang der letzten Rechnung abhängig) und
2. Zinsvorteile erzielen = Gewinnsteigerung.

Häufig nennen Exporteure diese Thesen:

— Bei Auslandszahlungen muß ich eben mit 6 Tagen, 8 Tagen oder mehr Ta-gen Laufzeit rechnen.
— Ich kann/will meinem Geschäftspartner im Ausland keinen Zahlungsweg vorschreiben. Wenn er einigermaßen pünktlich zahlt, bin ich schon froh.
— Ich kann den Zahlungsweg nicht beeinflussen, er ist sowieso unterschied-lich.
— Die Bank kann bei einer schlechten Zahlungsmoral des Schuldners nicht hel-fen.
— Schuld sind allein die Banken, weil sie bewußt Beträge zurückhalten oder langsam arbeiten.

Finden Sie sich bitte mit keiner dieser Thesen ab! Realisieren Sie bei Bedarf nachstehende Vorschläge:

Bedenken Sie: Erhalten Sie Ihre jährlichen Exportzahlungen von z.B. DM 1 Mio schon 2 Valutatage früher, dann errechnet sich bei angenommenen 10% p.a. Zinsen ein Zinsvorteil von DM 555,—.

Praktische Empfehlungen und Vorschläge:

— Versuchen Sie grundsätzlich, direkte Swift-Zahlungen zu erreichen. Somit dauert der Transfer zu Ihrer Bank maximal 1 Tag. Manche Bankstellen ge-währleisten taggleichen Swift-Eingang mit Kontobuchung.
Aufgrund des Währungstausches im Importeur- oder Exporteurland (2 Valu-tatage) und dem Banknutzen in Landeswährung beträgt die übliche gesamte Valutaverschiebung 3 Tage.

— Diese Länder sind an Swift angeschlossen (Stand 1992):

Andorra	Griechenland	Luxemburg	Portugal
Argentinien	Grönland	Macau	Puerto Rico
Aruba	Großbritannien	Malaysia	Saudi Arabien
Australien	Guadeloupe	Malta	Schweden
Bahamas	Guernsey	Marokko	Schweiz
Bahrain	Hongkong	Martinique	Singapur
Belgien	Irland	Mexico	Spanien
Bermuda	Island	Monaco	Südafrika
Brasilien	Isle of Man	Neuseeland	Taiwan
Cayman Island	Israel	Niederlande	Thailand
Chile	Italien	Niederl. Antillen	Tschechoslowakei
China	Japan	Südkorea	Tunesien
Dänemark	Jersey	ab März 92	Türkei
Deutschland	Jugoslawien	Norwegen	UdSSR
Ecuador	Kanada	Österreich	Ungarn
Elfenbeinküste	Kolumbien	Papua Neu Guinea	Uruguay
Faeroe Islands	Kuba	Peru	USA
Finnland	Kuwait	Philippinen	Venezuela
Frankreich	Liechtenstein	Polen	Zypern
Gibraltar			

— Weisen Sie auf Ihren Rechnungen bei den Bankangaben immer deren Swift-Adresse mit aus.
— Drucken Sie bei EDV-erstellten Rechnungen automatisch Ihre Bitte aus, Ihr Kunde möge seine Bank anweisen, per Swift unbedingt direkt an die angegebene(n) Bank(en) zu überweisen.
— Verwenden Sie Swift-Aufkleber, die Ihnen Ihre Bank in den Handelssprachen zur Verfügung stellt.
— Stellen Sie bei wiederkehrenden Zahlungen mit größeren Beträgen (ab mind. TDM 10) durch Anfragen bei Ihrer Bank oder Abstimmung mit Ihrem Kunden fest, ob mit Swift direkt überwiesen wurde bzw. wie lange der Transfer dauerte.
— Bitten Sie bei zu langen Laufzeiten Ihre Bank um Vorschläge zur Wegeverkürzung.
— Vermeiden Sie Telex-Zahlungen anstelle von Swift. Sie bringen keinen Zeit- oder Zinsvorteil. Nur zusätzlich und oft nicht geringe Telexkosten für Importeur und Exporteur.
— Hat Ihr Kunde die bisherigen ,,Swift-Wünsche'' ignoriert, lohnt sich meist ein netter Brief nach dem Muster auf Seite 92.
— Oft ist die Swift-Zahlung schnell in Deutschland, aber bei einer fremden Bank. Dann kann die Weiterleitung 8 Tage dauern. Die zusätzliche Kosten-

INTERTRADE GMBH   8521 Heßdorf   POB 1146   West Germany

Firma

T. Smolik

Adana / Türkei

Br/wi 06.06.91

Ihre Zahlung vom 01.06.1991 an uns

Sehr geehrte Damen und Herren,

Ihre letzte Zahlung an uns wurde von Ihrer Bank nicht direkt an unsere
Bankverbindung, Bayerische Vereinsbank, Filiale Erlangen, gerichtet
sondern an eine Bank, mit der wir keine Kontoverbindung unterhalten.
Dadurch enstanden zusätzliche Kosten für uns und Zeitverzögerungen
bei der Gutschrift.

Wir bitten Sie höflich, künftig Ihre Bank anzuweisen, direkt auf unser
Konto Nr. X934089 bei

    Swift-Adresse: BVBE DE MM 417

zu überweisen.

Wir danken Ihnen für Ihre Unterstützung und verbleiben mit freundli-
chen Grüßen.

INTERTRADE GMBH

steigerung/Gewinnschmälerung neben Zinsverlust: Die erste Bank rechnet volle Abwicklungsprovision, Sonderkonditionen mit Ihrer Hausbank aufgrund von Millionenumsätzen bleiben unberücksichtigt. Zusatzkosten bei z.b. DM 5 Mio und 0,5‰ Konditionenunterschied (1‰ anstelle 1,5 ‰ Normalkond.): DM 2.500,—.

Maßnahme: Auch über Ihre Hausbank sollte die Auslandsbank um direkte Swift-Zahlung gebeten werden. Nur bei ausländischen Banken mit Filialen in Deutschland ist man meist erfolglos.

— Sie erhalten Auslandsschecks:

1. Bei Bankschecks (Skandinavien, GB) wurde der Auftraggeber zeitgleich mit der Ausstellung belastet. Die Postlauf- und Einlösungszeit dauert oft 10 Tage. Lösung: Swift-Überweisung.
2. Bei Privatschecks in DM (Schweiz, Österreich, Niederlande, Belgien) dauert die valutarische Gesamtlaufzeit über 10 Tage. Die Änderung einer solchen eingefahrenen Zahlungsweise ist schwierig. Evtl. Anreiz: 7 Tage netto Swift anstelle sofort zahlbar mit Scheck.
Achtung: Neuerdings dürfen Franzosen und Italiener geringe Beträge mit Privatschecks ins Ausland bezahlen (bis FF 50.000 bzw. Lit. 5 Mio.).

Rechenbeispiel: Bereits DM 300.000,— Umsatz bringen bei 10 Tagen kürzerer Laufzeit und 10% p.a. Zinsen eine Kostenersparnis = Gewinn von DM 833,—

— Bei fällig gewesenen Rechnungen täuscht der Importeur manchmal ein Versäumnis der Bank vor:
,,Ich war schon vorige Woche bei meiner Bank!'' (Italien).
Es kommt nicht darauf an, wann ein Zahlungsauftrag der Bank erteilt wurde, sondern wann sie ihn ausgeführt hat. Bei Swift-Aufträgen lassen sich Ausführungsdatum und -uhrzeit schnell feststellen. Solche Bestätigungen wirken im Schuldnerland manchmal Wunder.

— Haben Sie viele kleine Rechnungsbeträge in fremder Landeswährung, dann kann sich wegen der Vermeidung von Mindestprovisionen ein Exportsammelkonto im Ausland lohnen. Stellen Sie im voraus mit Ihrer Bank schnelle und unkomplizierte Übertragungsmöglichkeiten nach Deutschland sicher.

— Wählen Sie eine Bank für Exportzahlungen, die in diesen Angelegenheiten kompetent und behilflich ist.

12.3 Dokumenteninkasso

Ein Inkasso ist der Auftrag eines Kunden an seine Bank, gegen Aushändigung bestimmter Dokumente

a) einen Geldbetrag einzuziehen = Kasse gegen Dokumente = documents against payments = d/p = D/P = cash against documents = cad oder

b) bei Zielgewährung ein Akzept einzuholen = Dokumente gegen Akzept = documents against acceptance = d/a = D/A.

12.3.1 Ablauf, Vorteile, Risiken

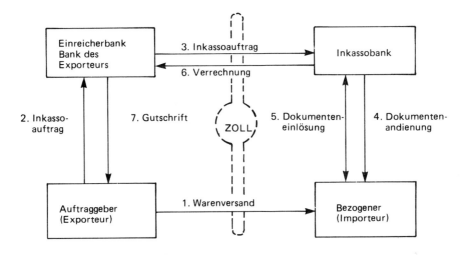

Bild 12.2

d/p-Ablauf:

1. Warenversand
2. Inkassoauftrag an Exporteurbank
3. Inkassoauftrag an die Korrespondenzbank
4. Andienung der Dokumente an Importeur
5. Einlösung der Dokumente (Bezogener zahlt, erhält Dokumente und Ware)
6. Verrechnung des Gegenwertes mit Exporteurbank
7. Gutschrift an den Exporteur

Vorteile

— Einfache und kostengünstige Abwicklung
— Meist rascherer Zahlungseingang als bei offener Rechnung
— Möglichkeit, die Aushändigung der Dokumente und der Ware an den Käufer Zug um Zug gegen Bezahlung des geschuldeten Betrags oder gegen Akzeptierung eines Wechsels (evtl. mit Bankaval) vorzunehmen (echtes Inkasso).

Risiken

— Zahlungsunwilligkeit und -fähigkeit des Käufers kann sich ändern.
— Falls der Käufer sich weigert, die Dokumente zu honorieren, kann das Finden eines Ersatzkäufers oder der Rücktransport der Ware mit erheblichen Verlusten verbunden sein.
— Politische, wirtschaftliche und rechtliche Verhältnisse im Importland sind unstabil.
— Devisenkontrollen und ähnliche Restriktionen verhindern Zahlung ins Exporteurland.

Erfolgt der Warenversand nicht mit Schiff (Konnossement = Bill of Lading = B/L verkörpert das Eigentum an einer Ware), sondern mit Bahn, Post, Luftfracht, LKW (deren Dokumente sind Versandnachweise) an die Adresse des Käufers, so kann er in den Besitz der Sendung kommen, ohne daß er vorher die durch die Bank vorgewiesenen Inkasso-Dokumente honorieren muß (= unechtes Inkasso).

Wie läßt sich das Risiko ,,unechtes Inkasso'' umgehen?

1. Warenversand zur Verfügung der Bank! Vorher ist deren Zustimmung einzuholen; sie wird bei schlechter Bonität des Importeurs ablehnen.

2. Spediteurauftrag, die Ware nur gegen Nachweis, daß unwiderruflich gezahlt wurde (Bankscheck, Bankbestätigung), auszuhändigen.

Bankkosten:

Die Abwicklungsprovision beträgt üblicherweise 3‰, min. DM 75,—.

So sparen Sie Zinsen:

Akzepte, dazu zählen auch unterschriebene Solawechsel, mit Laufzeiten bis 90 Tage eignen sich für einen zinsgünstigen Diskontkredit.

Wechselsteuer:

Seit dem Wegfall der deutschen Wechselsteuer ab 1.1.1992 bringt die Verwendung von
a) Quittungen = receipts anstelle von Sichtwechseln = sight drafts bei d/p und
b) Solawechseln = promissory notes anstelle von Tratten = drafts bei d/a
keine Steuervorteile mehr.

12.3.2 Typische Anwendungen des Dokumenteninkassos

— *Europäische* Lieferungen von *Standardgütern* mit unbekannter oder leicht problematischer Kundenbonität. Bei Nichteinlösung werden die Waren zurückgeholt (Frachtkosten!) oder gleich anderweitig veräußert.

— *außereuropäische* Lieferungen von *Standardgütern* mit unbekannter oder leicht problematischer Länder- oder Kundenbonität. Bei Nichteinlösung w.o.

— Lieferungen von Standardgütern an bonitätsmäßig unproblematische Adressen in Osteuropa.

12.4 Dokumentenakkreditiv = Letter of Credit = L/C

Ein Akkreditiv ist die Verpflichtung einer Bank, dem Verkäufer einer Ware oder Dienstleistung bei fristgerechter Einreichung konformer Dokumente, die den erfolgten Versand der Ware oder die erbrachte Dienstleistung ausweisen, einen bestimmten Betrag zu zahlen oder einen Wechsel zu akzeptieren.

Mit dem Akkreditiv befaßte Stellen:

Auftraggeber = Importeur = Ihr Kunde
Akkreditivbank = eröffnende Bank = Bank des Importeurs
Akkreditivstelle = avisierende Bank = Bank des Exporteurs
Begünstigter = Exporteur

Akkreditivarten nach Sicherheitskriterien

— (widerrufliches Akkreditiv: kommt kaum vor)
— unwiderrufliches, unbestätigtes Akkreditiv
— unwiderrufliches, bestätigtes Akkreditiv

Bei der *L/C-Bestätigung* verpflichtet sich auch die bestätigende Bank im Auftrag der Akkreditivbank zur Zahlung. Sie ist empfehlenswert bei unbekannten Banken und politisch und wirtschaftlich problematischen Ländern.

Politische Risiken in Krisengebieten zu übernehmen, ist in erster Linie Sache der staatlichen Exportkreditversicherung HERMES.

12.4.1 Akkreditivarten

Akkreditivarten nach Zahlungsmodalitäten

— Sicht-Akkreditive

— Nachsicht-Akkreditive = L/C mit Zeittratte, z.B. 90 Tage nach B/L.
Die Tratte ist entweder auf die eröffnende oder avisierende Bank, den Käufer oder eine Drittbank zu ziehen.
Hierunter fallen auch *Rembours-Akkreditive:*
Wegen hoher Kreditkosten im Land des Importeurs kann die Akkreditivstel-

le gebeten werden, auf sie gezogene Tratten zu akzeptieren und evtl. zu diskontieren.

— Akkreditive mit aufgeschobener Zahlung = deferred payment L/C, z.b. 60 days after invoice date.
  Tip: Forfaitierungsmöglichkeit

— Akkreditive mit Anzahlung (meist mit Anzahlungsgarantie verbunden)

Sonstige Akkreditivarten

— Übertragbares Akkreditiv (transferable): Dient zur Zahlungssicherung/Finanzierung der Vorlieferanten. Insbesondere für Handelsfirmen (mit wenig Eigenkapital) ist dies eine elegante Finanzierungsmöglichkeit.

— Kreditbriefe (hauptsächlich Ferner Osten, Nordamerika, Ungarn)
  Tip: Der Handelskreditbrief = Commercial Letter of Credit ist direkt an den Begünstigten adressiert und ist meist bei jeder beliebigen Bank benutzbar. Reichen Sie die Exportdokumente zusammen mit dem Originalkreditbrief bei Ihrer Bank ein, wenn er von einer fremden Bank avisiert wurde!
  Vorteile: keine Postlaufzeit, schnelle Bearbeitung, bekannter Bankpartner, bessere Hilfestellung bei Dok.-Unstimmigkeiten, schnellerer Zahlungseingang, keine Mehrkosten.
  Fragen Sie bei LC-Avisierung durch eine fremde Bank mittels Fotokopie bei Ihrer Bank, ob es sich um einen Kreditbrief handelt!

— Gegenakkreditiv = back-to-back-credit: Das Export-L/C ist nicht übertragbar und dient als Kreditsicherheit für ein neues L/C zu Gunsten von Vorlieferanten. Das Export-L/C und das Gegenakkreditiv sind rechtlich unabhängig.

— Packing Credit (Im Rohstoffhandel): Vorauszahlungen an den Exporteur mit Sicherheiten = red clause oder ohne Sicherheiten = green clause sind möglich.

12.4.2 Ablauf

1. Akkreditiveröffnungsantrag
2. Akkreditiveröffnungsschreiben, verbunden mit Avalkredit oder Bardeckung
3. Avisierung, evtl. mit Bestätigung der Exporteurbank
4. Warenversand

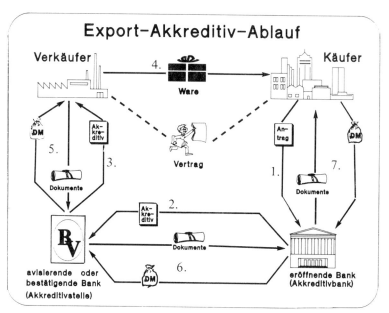

Bild 12.4.2: Export-Akkreditiv-Ablauf

5. Einreichung der Dokumente und Zahlung an Exporteur (bei Akkreditivstelle zahlbar)
6. Versendung der Dokumente an die eröffnende Bank und Verrechnung
7. Aushändigung der Dokumente an den Importeur und Belastung

Vorteile für den Exporteur

— er besitzt ein abstraktes und bedingtes Schuldversprechen einer Bank
— kein Abnahmerisiko der Ware
— das Zahlungsrisiko geht auf die Akkreditivbank über
— keine Vorfinanzierung für die Transportdauer notwendig

Risiken bzw. Nachteile für den Exporteur

— beim unbestätigten L/C: eröffnende Bank kann zahlungsunfähig werden; wirtschaftliches und politisches Länderrisiko
— genaue Befolgung der L/C-Vorschriften

Vorteile für den Importeur

— Zahlung erfolgt nur, wenn Dokumente akkreditivgemäße und fristgerechte Warenlieferung ausweisen
— Einreichung richtiger, im Importeurland benötigter Dokumente
— termingerechter Warenversand

Risiken für den Importeur

Gelieferte Ware entspricht nicht dem Vertrag und L/C.

Lösung: Warenprüfung z.b. von SGS-Controll-Co mit Zertifikat oder von eigenem Büro/Vertrauensperson.

Übliche Bankkosten in Deutschland

Beim *Exportakkreditiv:*

— Avisierungsprov. 1‰ , min. DM 75,—, max. DM 300,—
— Bestätigungsprov. 1,5‰ bis zu 3 Zeitmonaten, min. DM 60,— (bei hohem Länderrisiko evtl. höher)
— Dokumenten-Aufnahmeprov. 1,5‰, min. DM 75,— und Abwicklungsprov. 1,5‰, min. DM 50,—

Achtung: Es gibt im L/C drei Möglichkeiten der Spesenregelung:
1. Alle Kosten gehen zu Lasten des Exporteurs
2. Alle Kosten gehen zu Lasten des Importeurs
3. Keine Angabe, d.h. Spesenteilung: Exporteur zahlt nur Abwicklungsprov. 1,5‰.

Bei L/C-Avisierung stellen Exporteure oft diese Nachteile fest:

Weil die Zahlungsbedingung oft nur lautet ,,Akkreditiv'' oder (etwas besser) ,,unwiderrufliches, bestätigtes Akkreditiv, avisiert von einer erstklassigen Bank in Deutschland'', sind mögliche Nachteile, die dann zeit- und kostenaufwendige L/C Änderungen bedingen:

— das L/C ist nicht in Deutschland, sondern im Ausland zahlbar = Zinsverlust von ca. 7 bis zu 30 Tagen; Unsicherheit über Dokumentenaufnahme, weil nur die Zahlstelle darüber endgültig entscheidet; Postlaufrisiko

Datum: ____________ Anlagen-Nr. ... zu Kontrakt-Nr. ...

ANTRAG ZUR ERÖFFNUNG EINES DOKUMENTEN-AKKREDITIVES

Sehr geehrte Damen und Herren,

bitte beauftragen Sie Ihre Bank (erstklassige, internationale Bank), ein Dokumenten-Akkreditiv in Übereinstimmung mit unten genannten Einzelheiten (gekennzeichnet mit x) zu eröffnen.

AVISIERENDE BANK:
- BAYERISCHE VEREINSBANK AG
____
SWIFT-ADRESSE: __________
FS-Nr. _________________

AKKREDITIV-ART:
o unwiderruflich, o übertragbar,
o mit
o ohne Bestätigung der avisierenden Bank

BENUTZBARKEIT DES AKKREDITIVES:
- an den Schaltern der avisierenden Bank
  o zwecks Zahlung per Sicht gegen Vorlage von Dokumenten
  o Akzeptierung einer Tratte, fällig ... Tage nach Ausstellungsdatum des Versanddokumentes
- Diskontspesen oder Zinsen gehen zu Lasten des
  o Käufers o Verkäufers

ART DER AKKREDITIV-AVISIERUNG:
o per Luftpost o per Fernschreib-Voravis
o per Fernschreiben o per SWIFT

BEGÜNSTIGTER: - _________________________________

AKKREDITIV-BETRAG (max./ca.): - _________________________________

(CIF/C+F/FOB/FOT/FOR/Frei deutsche Grenze/FOA/ab Werk)

AKKREDITIV-GÜLTIGKEIT: - _________________________________

SPÄTESTES VERSANDDATUM: - _________________________________

GEFORDERTE DOKUMENTE:

o unterzeichnete Handelsrechnungen

o Packlisten

o Ursprungszeugnis

Bild 12.4

o <u>Versanddokumente</u>

  o 3/3 Original Konnossemente
    - ausgestellt an Order und blanco indossiert

      o markiert Fracht   o einzuziehen   o bezahlt
      Notadresse _____

  o Spediteur-Übernahmebescheinigung ausgestellt von: _____
    _____
    adressiert an: _____

  o LKW-Frachtbrief
    adressiert an: _____

  o Eisenbahnfrachtbrief
    adressiert an: _____

  o Luftfrachtbrief
    adressiert an: _____

    - Notadresse: _____

    - markiert Fracht   o einzuziehen   o bezahlt

  o Haus-Luftfrachtbrief wird akzeptiert

  o Postquittung adressiert an: _____

  o <u>VERSICHERUNGSZERTIFIKAT</u> zweifach, deckend _____
    _____

  o <u>WEITERE DOKUMENTE:</u>   _____
                                _____
                                _____

  o <u>deckend folgende Ware:</u>   _____
                                _____
                                _____

<u>SPEZIELLE INSTRUKTIONEN:</u>

- Teillieferung   o erlaubt   o nicht erlaubt

- Alle Akkreditivprovisionen und Spesen gehen zu Lasten des Käufers.

- Dieses Akkreditiv muß uns bis spätestens _____ zugegangen sein.

  Ansonsten können wir für die Einhaltung des Lieferplans gemäß
  Kontrakt nicht garantieren.

- <u>WEITERE INSTRUKTIONEN:</u>   _____
                                 _____
                                 _____

R E Q U E S T   T O   O P E N   A   L E T T E R   O F   C R E D I T

Dear Sirs,

please instruct your Bankers (international prime Bank) to open a Documentary Credit in accordance with the undermentioned particulares (marked with x).

Advising Bank	–	Bayerische Vereinsbank AG, **D 8600 Bamberg** P.O. Box 1109 Swift-address: **BVBEDEMM 411** Telex-No. 662863 **bvbad** **Telefax** 49 0951 8602179
Type of L/C	o	irrevocable, o transferable, o with o without confirmation of the advising bank
Availability of L/C	–	at the counters of advising bank: o by payment at sight against presentation of documents o by acceptance of a draft at ____ days after date of transport document
	–	Discount or interest are for account of o buyer o seller
Method of L/C advice		o by airmail o by telex-preadvice o by full telex o by SWIFT
Beneficiary	–	_____
L/C amount (max/about)	–	_____ (CIF/C+F/FOB/FOT/FOR/free German border/ FOA/Ex Work)
Validity date	–	_____
Latest shipping date	–	_____

Documents required

o Signed commercial invoices   o Packing lists   o Certificate of origin o <u>Transport documents</u>

   o 3/3 original Bills of Lading
      - made out to order and blank endorsed,

        marked freight   o collect   o prepaid
        o notify _____

   o Forwarding Agents Certificates of Receipt (FCR) to be issued by _____

        _____

        addressed to _____

   o Truck Waybill
      - consigned to _____

   o Rail Waybill
      - consigend to _____

   o Air Waybill consigned to _____

       - notify _____

       - marked freight   o collect   o prepaid

       o House Air Waybill acceptable

   o Post Receipt addressed to _____

o <u>Insurance Certificate</u>   in duplicate, covering _____

                                         _____

o <u>Further document(s)</u>   _____

                                         _____

                                         _____

Special Instructions

- Partial shipments are   o allowed   o not allowed

- All L/C commissions and charges are for buyer's account

- The L/C should be received by us on or before _____ at the latest; otherwise we cannot guarantee you the shipping schedule mentioned in the contract(s).

- <u>Further instructions</u>   _____

                                         _____

                                         _____

                                         _____

— der Zeitpunkt für die Dok.-Aufnahme gilt nicht in Deutschland, sondern im Ausland = Postlaufrisiko
— das L/C ist nicht lange genug gültig
— das L/C ist nicht bei Sicht fällig, sondern hat ein Zahlungsziel = hinausgeschobene Zahlung = deferred payment. Oder ein Nachsichtwechsel, Zinsen z.L. Exporteur ist vorgeschrieben
— es handelt sich um ein unbestätigtes L/C
— die Avisierung erfolgt über eine fremde Bank = Informations- und Zinsverlust
— die Warenbezeichnung ist falsch
— alle Bankprovisionen gehen zu Lasten des Exporteurs

Das ist die ideale L/C-Zahlungsbedingung:

Nachteile können Sie ganz oder teilweise vermeiden, wenn Sie Ihrem Angebot/ Vertrag das ausgefüllte, in der Bild 12.4 abgedruckte Blatt ,,Akkreditiveröffnung'' als Vertragsbestandteil beifügen.

Vorteile für Ihren Kunden: Er leitet es formlos und ohne Arbeitsaufwand an seine Bank weiter. Evtl. nimmt er Ergänzungen bzgl. Dokumente vor.

Vorteile für die Bank Ihres Kunden: Bei L/C Eröffnung: keine zeitaufwendigen Rückfragen.

Hilfreiche Tips und Empfehlungen zur L/C-Abwicklung:

— Gleich nach L/C-Avisierung sollten Sie es auf Erfüllbarkeit prüfen. Am besten mit der genannten Zahlungsbedingung-Checkliste ,,Akkreditiveröffnung''. Manche Banken stellen separate Prüflisten zur Verfügung.
— Können notarielle Beglaubigungs- und konsularische Legalisierungsvorschriften zeitgerecht erfüllt werden?
— L/C Änderungen kann nur Ihr Kunde veranlassen. In besonderen Fällen ist es ratsam, über die Banken zweigleisig zu verfahren.
— Legen Sie Ihrem Spediteurauftrag eine L/C-Kopie bei
— Falls kein gewünschter Bestätigungsauftrag der Akkreditivbank vorliegt = bestätigtes L/C, sollten Sie die avisierende Bank um eine *Ankaufszusage* bitten. Sie bietet Ihnen die gleiche Sicherheit. Z.B. China, Saudi-Arabien, Kuwait.

— Bei Dokumenteneinreichung stellt die Bank Unstimmigkeiten fest:

1. Gebot: unbedingt versuchen, durch Rechnungsumschreibung, -ergänzung, Spediteureinschaltung usw., L/C-konforme Dokumente zu erreichen. Sonst war/ist das L/C wertlos.

Bei der Akkreditivbank (bzw. letztlich Importeur) Zustimmung zur Dokumentenänderung einholen.

Bei der Akkreditivstelle internen Vorbehalt erhandeln: Wegen Geringfügigkeit wird die Abweichung der Akkreditivbank nicht mitgeteilt. Risiko: Rückbelastung zuzüglich Zinsen und Kosten.

Externer Vorbehalt von Akkreditivstelle an Akkreditivbank. Risiko: Rückbelastung w.o.
Manche L/C lassen keinen Vorbehalt zu.

— Die Hausbank sollte rechtzeitig wegen Bestätigungsmöglichkeit, schneller Avisierung, zinsgünstiger Finanzierung und evt. Besonderheiten informiert werden.

12.5 Welche Zahlungsbedingungen und Zahlungsarten kommen ländermäßig vor?

Westeuropa allgemein

Dokumenteninkasso per Sicht (D/P) oder bis ca. 90 Tage nach Sicht (D/A), oder
einfache Rechnung per Sicht oder mit Zahlungsziel bis ca. 90 Tage.
Empfehlung: Achten Sie auf schnelle Zahlungswege von der Bank des Käufers zu Ihrer Bank. Direkte Swift-Zahlungen einer Auslandsbank gehen am gleichen Tag, spätestens am nächsten Tag, bei Ihrer Swift-angeschlossenen Bank ein. So sind Sie über Kundenzahlungen oft schneller informiert als bei Inlandsgeschäften.
Das Akkreditiv wird in Ausnahmefällen oder aus Finanzierungsnotwendigkeit angewendet.
Exportsammelkonten im Ausland lohnen sich bei vielen kleinen Beträgen in deren Landeswährung.

Frankreich, Belgien, Niederlande, Luxemburg

Zahlungsziel mit Wechselverwendung 30 bis 180 Tage. TIP: Verwenden Sie nach Frankreich franz. Formulare w/ schnellerem Clearing.

Italien

Einfache Rechnung per Sicht oder bis 90 Tage nach Sicht. TIP: Wechselverwendung ermöglicht eine zinsgünstige Finanzierung. Außerdem wird die Buchforderung in eine rechtlich und insbesondere moralisch wertvollere Wechselforderung mit dokumentiertem Zahlungstermin umgewandelt.
Falls kein Kreditbedarf besteht, die Ricevuta Bancaria = Bankquittung (Vordruck siehe Anlage C) verwenden. Sie ist auch in Italien wechselsteuerfrei, hat zwar nicht die wechselrechtliche Bedeutung, nimmt aber in Italien die Stellung des Wechsels ein. Fällige Zahlungstermine werden besser eingehalten.

Ablauf: nach einmaliger Mitteilung an den Käufer und seiner Banknennung reichen Sie die Ricevuta bei Ihrer Bank zum Inkasso ein.

Schweiz, Österreich, Niederlande

Häufig sendet der Käufer einen Scheck in DM oder in seiner Landeswährung an den Exporteur. Sein Vorteil der späten Belastung ist gleichzeitig der Wertstellungsnachteil für den Exporteur. Auf das Ausland gezogene DM-Schecks können nicht in einem offiziellen Clearing verrechnet werden. Lösung: Versuchen, direkte Swift-Zahlung zu erreichen.

Skandinavien, Großbritannien

Erhalten Sie Bankschecks (bei denen der Auftraggeber sofort belastet wurde), dann sollten Sie unbedingt um Swift-Zahlung bitten.

Spanien, Portugal

Es werden noch Akkreditive avisiert.

Griechenland

Dokumentärer Zahlungsauftrag = L/C

GUS

Lieferungen nur mit Hermes-Deckung oder best. LC denkbar.

Polen, Bulgarien, Rumänien, Jugoslawien

L/C mit Bestätigungsauftrag. Bei Investitionsgütern Lieferanten- oder Bestellerkredit obligatorisch.

Ungarn, CSFR

L/C, D/P. Bei Investitionsgütern Lieferanten- oder Bestellerkredit obligatorisch.

Nah- und Mittelost

L/C, teilweise mit Bestätigungsauftrag. TIP: Bei fehlendem Bestätigungsauftrag sind Ankaufszusagen von deutschen Banken denkbar. Evtl. D/P.

Türkei

L/C. Häufig deferred payment-L/C

Afrika

L/C mit Bestätigungsauftrag

Fernost

L/C, meist mit Bestätigungsauftrag.

Japan mit Taiwan, Hongkong, Singapur, Südkorea

L/C mit und ohne Bestätigungsauftrag, D/P, gelegentlich D/A.

China

In China zahlbare, unbestätigte Sicht-L/C. Ankaufszusagen sind möglich.

Nordamerika

Einfache Rechnung und D/P, D/A.

Mittel-, Südamerika

L/C mit Bestätigungsauftrag

Hinweise

Das K und M Buch, Konsulats- und Mustervorschriften, enthält u.a. allgemeine Empfehlungen zu Zahlungsbedingungen mit vielen Ländern. Von Banken erhalten Sie Kurzfassungen, z.B. ,,Importbestimmungen des Auslands'' der Bayer. Vereinsbank

13 Exportfinanzierung

Die Wahl der richtigen Exportfinanzierung sorgt z.b. dafür:

— Export wird überhaupt möglich, falls Kreditlinien bisher schon voll beansprucht sind. Z.B. tangiert ein AKA-C-Bestellerkredit oder eine Forfaitierung die Kreditlinie des Exporteurs nicht.

— Wirtschaftliche oder politische Risiken für den Exporteur werden reduziert. Z.B. durch Forfaitierung, Bankgarantie, Hermes-Versicherung.

— Zinsvorteile werden ausgenutzt. Dies senkt die Kosten bzw. steigert den Gewinn bzw. macht ein Preisangebot konkurrenzfähig. So ist ein Wechseldiskontkredit oft um mehrere Prozentpunkte billiger als ein Kontokorrentkredit.

Die Finanzierung kann notwendig sein für

Produktions- oder Einkaufsphase	Transport- phase	Zahlungsziel

Fristen:
kurzfristig: bis 1 Jahr
mittelfristig: 1—2 Jahre
langfristig: über 2 Jahre

13.1 Kurz- und mittelfristige Exportkredite

KONTOKORRENTKREDIT

Merkmal: vielseitig verwendbar

Vorteile:
— einfach
— schnell
— Zinszahlung nur für die Inanspruchnahme

Nachteil:
— relativ teuer

WECHSELDISKONTKREDIT

Der Wechsel ist ein klassisches Zahlungs- und Finanzierungsinstrument. Eine *Tratte* ist ein gezogener und noch nicht akzeptierter Wechsel. Der *Solawechsel* ist eine Eigenziehung.

Merkmal:
— abstraktes Zahlungsversprechen
— der Zinssatz gilt für die gesamte Laufzeit einer Abrechnung
— Voraussetzungen für Bundesbank-Rediskontfähigkeit sind z.B.:
  — zugrundeliegendes Handelsgeschäft
  — max. 90 Tage Restlaufzeit
  — keine Formfehler
— neben den Schuldnerländern Westeuropas und Nordamerikas sind auch diese Länder rediskontfähig:
  Hongkong, Israel, Japan, Singapur, Australien, Neuseeland.
— bei Fremdwährung (rediskontfähig) erfolgt die automatische Kurssicherung zum 3-Monatsterminkurs
— nicht rediskontfähige Wechsel werden üblicherweise zum KK-Satz abgerechnet

Vorteile:
einfach, standardisiert und meist die zinsgünstigste Finanzierung.

Empfehlungen:
— Wandeln Sie Ihre 30 bis 90 Tage Buchforderungen in rechtlich und insbesondere moralisch wertvollere Wechselforderungen um und diskontieren Sie diese.
— Achten Sie immer auf Bundesbank-Rediskontfähigkeit
— Versuchen Sie, bei problematischen Schuldnern zusätzlich ein Bankaval zu erhalten.
— Verwenden Sie nach Frankreich franz. Formulare.
— Denken Sie bei bankmäßig garantierten Wechseln an die Forfaitierung.

AKZEPTKREDIT

---

a) Bei manchen Exporten liegt kein Wechsel vor oder er ist nicht rediskontierbar, z.B. Osteuropa, Afrika, Nah-Mittelost. In besonderen Fällen stellen (deutsche) Banken ihr Akzept zur Verfügung. Dieses wird dann zinsgünstig bei der Bundesbank diskontiert. Die Pauschalbeträge liegen meist bei mehreren hundert TDM.

b) Insbesondere bei neuen Geschäftsverbindungen ist für den Exporteur ein Kundenwechsel oft unsicher und er verlangt ein Akzept dessen Bank. Dieses kann dann bei Kreditbedarf diskontiert werden.

Eine Sonderform des Akzeptkredites in Verbindung mit einem Akkreditiv ist der Rembourskredit:

Der Exporteur reicht mit LC-konformen Dokumenten eine auf die avisierende Bank gezogene Tratte ein. Dieses Bankakzept = Rembourswechsel wird üblicherweise diskontiert. Im L/C ist geklärt, wer die Diskontkosten übernimmt, Exporteur oder Importeur.

Vorteile:

— Exporteur:
  — Bar-Liquidität
  — zinsgünstig

— kein ausländisches Kreditrisiko
— Hinweis an Importeur auf ein niedriges Zinsniveau in BRD

— Importeur:
  — Zahlungsziel
  — zinsgünstig
  — Ausnützung eines niedrigeren Zinsniveaus in der BRD

Empfehlungen:

— Will der Käufer beim L/C ein Zahlungsziel, was immer häufiger vorkommt, dann weisen Sie ihn auf den Rembourskredit hin.

— Vereinbaren Sie rechtzeitig, daß der Käufer alle Zinsen und Spesen (Diskont, Akzeptprovision) trägt, Sie also Ihren Erlös netto erhalten.

— Führen Sie ausdrücklich für ihn in der BRD niedrigere Zinsen an.

— Bei Interesse kann der Käufer ein längeres Zahlungsziel als 30 Tage vereinbaren, z.B. 60 oder 90 Tage. Zinsen zu seinen Lasten.

— Verwenden Sie zur Zahlungsbedingung die Checkliste ,,Request to open a Letter of Credit''.

PRIVATDISKONTKREDIT

Geschäfte mit zinsgünstigen Bankakzepten bei der Privatdiskont AG sind ab 1.1.1992 eingestellt.

EXPORT-BEVORSCHUSSUNG

Merkmal:

— Sie überbrückt den Zeitraum von Warenlieferung bis Exporterlös-/Wechseleingang aus d/p, d/a, L/C oder einfacher Rechnung

114

— Gutschrift bis 80% der Forderungen auf Vorschußkonto

— Laufzeit bis ca. 2 Jahre

— Sicherheiten: insbesondere gutes Management, guter Schuldner oder LC/ LG/Versicherung/Hermes-Ausfuhr-Pauschalgarantie

Vorteil:

— Finanzierung eines für Exportgeschäfte erhöhten Kapitalbedarfs
— zinsgünstige Paketfinanzierung ist denkbar

Eine besondere Form ist der NEGOZIIERUNGSKREDIT. Dabei kauft die Bank nach Dokumenteneinreichung Forderungen des Exporteurs gegen die LC-eröffnende Bank an. Das LC ist bei Sicht, aber nicht bei der avisierenden Bank zahlbar.

EXPORT-VORFINANZIERUNG

Merkmal:

— Sie überbrückt den Zeitraum von Produktions- oder Einkaufsphase bis Exporterlös- / Wechseleingang aus d/p, d/a, LC oder einfacher Rechnung
— Gutschrift bis 80% der Forderungen aus Vorfinanzierungskonto
— Laufzeit max. 2 Jahre
— Sicherheiten: insbesondere gutes Management, guter Schuldner oder LC/ LG/Versicherung/Hermes-Ausfuhr-Pauschalgarantie

Vorteil:

— Finanzierung eines für Exportgeschäfte erhöhten Kapitalbedarfs
— zinsgünstige Paketfinanzierung ist denkbar
— Ausnützung von Skonto beim Wareneinkauf

115

EUROKREDIT

Merkmal:

— Kreditaufnahme auf dem Eurogeldmarkt, z.B. Luxemburg, London
— Laufzeit 1, 2, 3, 6, 12 Monate
— ab ca. DM 100.000,—
— auch in gängigen Fremdwährungen möglich, z.B. USD, CHF
— einwandfreie Schuldnerbonität

Vorteil:

— zinsgünstig

FACTORING

Merkmal:

— Ankauf von Forderungen aus Warengeschäften
— kurzfristige Zahlungsziele
a) echtes Factoring: gesamter Forderungsbestand einschließlich Ausfallrisiko
b) unechtes Factoring: Zahlungsausfallrisiko verbleibt beim Exporteur, z.B.
   w/schlechter Schuldnerbonität

Vorteil:

— Faktor kann Mahnwesen und Debitorenbuchhaltung übernehmen
— günstig bei nicht zeitgemäßer Buchhaltung und großem Mahnaufwand

Nachteil:

— teuer bei modernem Buchhaltungswesen

116

13.2 Mittel- und langfristige Exportkredite

FORFAITIERUNG

Merkmal:

— regreßloser Ankauf von Forderungen aus Exportgeschäften
— Laufzeiten 3 Monate bis 5 Jahre
— forfaitierungsfähig sind ab TDM 50:
  — Wechselforderungen (Solawechsel meist mit Bankaval)
  — Buchforderungen (meist mit Bankgarantie)
  — Ansprüche aus einem Nachsicht-Akkreditiv
— Kosten: Diskontsatz am Euromarkt + Risikoaufschlag für Land und Schuldner. Oft interessante Zinssätze

Vorteile:

— die Umwandlung von Zielgeschäft in Bargeschäft entlastet die Bilanz des Exporteurs
— durch Liquiditätsverbesserung werden Kreditfähigkeit erhöht und Kreditlinien geschont
— das wirtschaftliche und politische Ausfallrisiko wird auf den Forfaiteur abgewälzt
— die Kosten für eine Exportkreditversicherung werden eingespart
— einfache und schnelle Abwicklung
— fester Zinssatz für gesamte Kreditlaufzeit

AKA-FINANZIERUNG

Zur besonderen Förderung des deutschen Exports dienen insbesondere die mittel- und langfristigen Kredite der AKA-Ausfuhrkredit-Gesellschaft mbH, Frankfurt, und die politischen Risikoabdeckungen der *Hermes-Kreditversicherungs-AG*, Hamburg. Die AKA finanziert zweckgebundene Exportgeschäfte mit handelsüblichen Zahlungsbedingungen. Bei Laufzeiten von über 2 Jahren

117

ist die Hermes-Deckung wünschenswert. Der Hermes arbeitet auftrags der Bundesregierung. Vergleichbar sind die COFAS in Frankreich und SACE in Italien.

Die einzelnen Kreditarten der AKA mit den wichtigsten Merkmalen sehen Sie in der nachfolgenden Übersicht (Bild 13.1).

BESTELLERKREDITE

Neben der AKA-Bestellerfinanzierung gewähren Geschäftsbanken und für Entwicklungsländer die Kreditanstalt für Wiederaufbau KfW und die Weltbank zinsgünstige Kredite ab ca. TDM 500. Übliche Voraussetzungen sind dabei die Hermes-Finanzkreditdeckung und ausländische Bankgarantien.

Deutsche Banken stellen insbesondere für Geschäfte mit Osteuropa und Schwellenländern ausländischen Banken pauschale Bestellerkredite, sog. Rahmenkredite, zur Verfügung. Diese ermöglichen einfachere und schnellere Kreditausreichungen. Die Zinssätze basieren auf denen des AKA-C.

Empfehlung:

Manchmal entscheidet eine beim Angebot mitgelieferte Finanzierung, auch in Form eines Bestellerkredites, über den Zuschlag.

EXPORTLEASING

Der Leasingvertrag wird direkt zwischen dem ausländischen Käufer und der deutschen Leasinggesellschaft abgeschlossen. Vereinbart werden z.B. Kosten, Raten, Laufzeit, Warenübernahme. Übliche Sicherheiten sind neben dem Investitionsgut die Garantie der Auslandsbank und Hermes-Deckung.

AKA

Lieferantenfinanzierung

Bestellerfinanzierung

Plafond A

- alle Länder
- Laufzeit 1 bis ca. 5 Jahre, abhängig von Hermes-Deckung
- Kreditbetrag ab ca. TDM 100 bis viele Mio DM gem. Hermes
- Selbstfinanzierungsquote 10 % bei staatlichen Käufern und 15 % bei nichtstaatlichen Käufern üblich. Sie entfällt bei Befürwortung durch die Hausbank.
- Zinsbasis: Geld- bzw. Kapitalmarktniveau = höher als Plafond B
- Sonderform: **AKA-Globalkredit** bei Bündelung kleinerer Exporte, auch Konsumgüter, Laufzeit 2 Jahre, ab TDM 100, 30 % Selbstfinanzierungsquote, vierteljährlicher Forderungsnachweis.

Plafond B

- nicht für EG-Länder
- Laufzeit 1—4 Jahre
- Kreditbetrag ab ca. TDM 100 bis viele Mio DM gem. Hermes
- Selbstfinanzierungsquote 30 %
- Zinsbasis: Bundesbankdiskont = niedriger als Plafond A

Parallelfinanzierung A + B: Zur Senkung der Selbstfinanzierungsquote **und** Ausnutzung des niedrigen Zinses ist eine Mischung möglich.

Plafond C

- alle Länder
- 1 bis ca. 5 Jahre, abhängig von Hermes-Deckung
- Kreditbetrag ab ca. TDM 500 bis viele Mio DM gem. Hermes
- keine Selbstfinanzierungsquote
- Zinsbasis: Geld- bzw. Kapitalmarkt
- Hermes-Finanzkreditdeckung erforderlich.
  a) 85 % Bundesdeckung bei 15 % Exporteurselbstbehalt **oder**
  b) 95 % Bundesdeckung bei 5 % nicht abwälzbarem Selbstbehalt der Hausbank (die Risikoprämie verlangen wird).

Bild 13.1

119

Vorteile für Exporteur:

— Bargeschäft
— politisches und wirtschaftl. Risiko trägt Leasingges.
— Bilanzschonung, da kein Forderungsbestand
— Wettbewerbsvorteil bei Importeur-Leasingbedarf

Vorteile für Importeur:

— individuelle Fremdfinanzierung bis zu 100%
— Bilanzschonung
— leichtere und schnellere Importlizenz sowie
— Zoll- und Steuervorteile in manchen Ländern (CSFR)

13.3 Kreditversicherung

Das einfache Delkredere-Risiko (wirtschaftliches, nicht politisches Risiko) decken private Versicherungsgesellschaften, wie z.b. Gerling, Hermes (privat), Allgemeine Kreditversicherung AKV.

Darüber hinaus deckt die Hermes Kreditversicherungs-AG Hamburg i.A. der Bundesrepublik Deutschland u.a. folgende wichtige Auslandsrisiken:

— *Fabrikationsrisiko:* Während der Produktion gerät der Importeur in wirtschaftliche oder das Land in wirtschaftliche/politische Schwierigkeiten. 1— 1,25% Prämie decken die Selbstkosten.

— *Embargorisiko:* Die Prämie für das Fabrikationsrisiko deckt das Risiko mit ab, falls die Ausfuhr der Ware oder die Einbringung der Leistung von der Bundesrepublik widerrufen oder verboten wird.

— *Ausfuhrrisiko:* Nach Warenlieferung oder Leistungserbringung wird der Importeur zahlungsunfähig, bzw. staatliche/politische Maßnahmen bedingen Zahlungsverbot, Moratorium, Nichtkonvertierung und -transfer.

Einige wesentliche *Voraussetzungen:*
Ware überwiegend deutschen Ursprungs, mindestens 15% An- und Zwischenzahlungen, ausreichende Bonität des Schuldners und des Landes.

Kosten bei 1 Jahr Laufzeit: ca 1,5 — 2,5%, abhängig, ob ausländischer Schuldner staatlich (= Bürgschaft) oder privat (= Garantie) ist.

Exporteur-Selbstbehalt: 15% bei wirtschaftlichen und 10% bei politischen Risiken.

Wann sollten Sie die staatl. Hermes-Kreditversicherung einsetzen?

— Bei nicht überschaubarem Länderrisiko
— Bei Einräumung längerer Zahlungsziele

13.4 Bankgarantie

Die Bankgarantie ist ein abstraktes Zahlungsversprechen, das auf erste Anforderung hin zu erfüllen ist.

Als Sicherung für den Exporteur hat die *Zahlungsgarantie,* wie im Beispiel ,,offenes Zahlungsziel``, große Bedeutung.

Weitere häufige Garantiearten = Letter of Guarantee = L/G:

— *Bietungsgarantie* = tender guarantee = bid bond über 2 — 5% des Vertragswertes. Unternehmen sollen Ihre Angebote nach Zuschlag aufrechterhalten oder Schadensersatz (Kosten für neue Ausschreibung) zahlen.

— *Anzahlungsgarantie* = advance payment guarantee über 100% des Anzahlungsbetrages

— *Lieferungs- und Leistungsgarantie* = Vertragserfüllungsgarantie = Performance bond über 10 — 20% des Auftragswertes. Schadensersatz, falls nicht vertragsgemäß geliefert oder geleistet wird.

Empfehlungen:

— Versuchen Sie, eine befristete und direkte Garantie zu vereinbaren. Manche Länder bedingen eine unbefristete bzw. indirekte Garantie. Bei der indirekten Garantie wird die Importeurbank gebeten, die Garantie gegen Rückhaf-

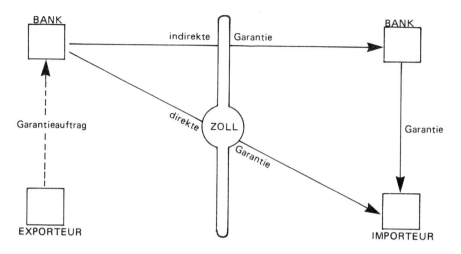

Bild 13.2: Direkte und indirekte Bankgarantie

tung der Exporteurbank abzugeben (zusätzliche Kosten, ausländisches Recht, manchmal Schwierigkeiten bei der Entlassung aus der Haftung).

— Bieten Sie bei Liquiditätsbedarf Anzahlungsgarantie an!

Kosten in Deutschland:

Normal sind 2—3 % p.a.

Sie richten sich nach Höhe und Kreditsicherheit und können deswegen entsprechend günstiger vereinbart werden.

13.5 Gewinnerhöhung durch Reduzierung von Bankkosten

Bei der Prüfung für solche Kostensenkungen sind diese Grundsätze zu beherzigen:

— jedes gewährte Zahlungsziel muß finanziert werden = Finanzierungskosten, z.B. durch Währungsdiskontkredit.

— Zahlungssicherheit bei Problemfällen ist wichtiger als Banksicherungskosten, wie z.B. Akkreditivbestätigungsprovision.

— kompetente und intensive Bankbetreuung bringt oft Zinsvorteile, wie z.B. durch schnelle Zahlungseingänge oder günstige Kreditarten, die dann größer sind als durch Sonderkonditionen bei Abwicklungen.

Prüfen Sie anhand folgender Tabelle Ihre Möglichkeiten zur Kostensenkung:

Ist-Zustand	Maßnahmen	Vorteile
Finanzierungen		
Es besteht Finanzbedarf	— Die richtige AH-Finanzierungsart wählen. Insbesondere: Wechseldiskontkredit, Akzeptkredit, Forfaitierung, AKA, Eurokredit, Bankgarantie, LfA- Ausfallgarantie	niedrige Zinsen, größere Liquidität, freie Sicherheiten
Zahlungsziele werden gewährt	— Länge der Ziele abbauen — Käufer an den Zinskosten beteiligen — die richtige Finanzierungsart wählen, w.o.	niedrige Zinsen, größere Liquidität, freie Sicherheiten
Käufer wünscht mittel- oder langfristige Finanzierung	— Bestellerkredit mitliefern	Bargeschäft
Abwicklungsprovision		
Mio-Umsätze ohne besonderen Service zu normalen Abwicklungsprovisionen	— Sonderkonditionen vereinbaren	geringere Bankabwicklungsprovisionen

123

Ist-Zustand	Maßnahmen	Vorteile

Akkreditivzahlungen

unbestätigtes LC	— bestätigtes LC verlangen	einfachere somit billigere Kredit/Liquiditätsbeschaffung oder Forfaitierung
unbestätigtes LC	— bei gutem Land und Kunden und verkäuflicher Ware auf D/P oder sogar einfache Rechnung umstellen	Wegfall der LC-Kosten und evtl. weiterer Bankkosten beim Exporteur und Importeur
bestätigtes LC, Bestätigungsprovision zu Lasten des Exporteurs	— Käufer übernimmt/ beteiligt sich an Provision — LC-Bestätigung ist nicht notwendig	Einsparung der ges./ teilw. Bestätigungsprovision Einsparung der ges. Bestätigungsprovision
ausländische Provision zu Lasten des Exporteurs	— ausländische Provision zu Lasten des Käufers ist üblich	Wegfall der ausländdischen Provision
Dokumentenaufnahme- und Abwicklungsprovision zu Lasten des Exporteurs	— Spesenteilung vereinbaren — Käufer übernimmt alle Spesen	Exporteur zahlt nur Abw.-Prov. Wegfall der LC-Kosten
LC ist im Ausland zahlbar	— bei LC-Stelle zahlbar stellen	sofortige Auszahlung. Zinsersparnis für Postlaufzeit oft bis zu 4 Wochen
LC ist nach Sicht zahlbar	— LC bei Sicht zahlbar stellen — Käufer übernimmt/ beteiligt sich an Finanzierungskosten — forfaitieren = Verkauf ohne Rückgriffsrecht	keine Zinsen für Zielgewährung keine/nur teilweise Zinsen für Zielgewährung Barliquidität, Bilanzverkürzung

124

Ist-Zustand	Maßnahmen	Vorteile
häufige LC Änderungen	— LC-Eröffnung genauer vorgeben, am besten Checkliste ,,Akkreditiveröffnung'' verwenden	keine LC-Änderungsprovision beim Exporteur und Importeur
LC-Betrag bis ca. DM 2.000,—	— Umstellung auf Vorauskasse, D/P oder einfache Rechnung	erhebliche Senkung der Mindestprovision, die bis zu DM 200,— beträgt
LC für laufende gleiche Lieferungen/Leistungen	— Bank-Zahlungsgarantie einsetzen	Kostensenkung bei Exporteur und Importeur

Dokumenteninkasso

einwandfreie D/P Abwicklung	— bei gutem Land und Kunden und verkäuflicher Ware auf einfache Rechnung umstellen	Halbierung der üblichen Bankkosten
ausländische Provision zu Lasten des Exporteurs	— ausl. Prov. z.L. Käufer vereinbaren	Wegfall der ausländischen Provision
inländische Provision zu Lasten des Exporteurs = normal	— evtl. inl. Prov. z.L. Käufer vereinbaren	Wegfall der inländischen Provision
für D/A werden gezogene Wechsel ausgestellt	— Frankreich: franz. Formulare verwenden	schnellere Verrechnung
D/P-Betrag bis ca. DM 1.000,—	— bei gutem Land und Kunden und verkäuflicher Ware auf einfache Rechnung umstellen	erhebliche Senkung der Mindestprovision, die bis zu DM 100,— beträgt

Einfache Zahlungen

Ist-Zustand	Maßnahmen	Vorteile
langer Zahlungsweg, da briefliche Zahlung	— auf Swift oder Telex umstellen	Zinsvorteil, insbes. bei großen Beträgen
langer Zahlungsweg, da fremde Bank in BRD zwischengeschaltet. Sie berechnet Normalkonditionen	— Käufer bitten, daß seine Bank per Swift direkt an Exporteurbank ausführt. Musterbrief verwenden.	Wegfall der Postlaufzeiten in BRD, die manchmal bis zu 10 Tage betragen. Anrechnung von vereinbarten Sonderkonditionen.
schnelle aber teure Telexzahlungen	— Käufer bitten, daß seine Bank direkte Swift-Zahlung an Exporteurbank ausführt.	Wegfall der Telexgebühr
Bankschecks, insb. aus GB u. Skandinavien	— Käufer bitten, daß seine Bank direkte Swift-Zahlungen an Exporteurbank ausführt. Evtl. spätere Zahlungsausführung anbieten.	Zinseinsparung durch kürzere Postlaufzeiten
DM-Privatschecks, insb. aus Schweiz u. Österreich, werden teilweise in 10 Tagen gebucht oder sofort gebucht mit bis zu 10-tägiger Valuta	— Käufer bitten, daß seine Bank direkte Swift-Zahlungen an Exporteurbank ausführt. Evtl. spätere Zahlungsausführung anbieten	Zinseinsparung, einfachere Buchhaltung

Wechsel

Ist-Zustand	Maßnahmen	Vorteile
es bestehen Buchforderungen, z.B. Westeuropa, Nordamerika, Hongkong, Singapur	— in rechtlich, moralisch und zinsmäßig bessere Wechselforderungen umwandeln und diskontieren	der Wechseldiskontkredit WDK ist der billigste Kredit

126

Ist-Zustand	Maßnahmen	Vorteile
Bankgarantie		
Anzahlungswünsche werden von Käufer nicht erfüllt	— Voraus-/Anzahlungsgarantie anbieten	der Zinsvorteil ist wesentlich höher als die Avalprovision
Käufer fordert Barsicherheit für Bietung, Lieferung, Leistung, Gewährleistung	— Bietungs-, Lieferungs- und Leistungs-, Gewährleistungsgarantie anbieten	der Zinsvorteil ist wesentlich höher als Avalprovision
Käufer begibt Bankgarantie für mittel-/langfristiges Zahlungsziel	— forfaitieren	zinsgünstig, Bilanzverkürzung
Kreditversicherung		
Hermes-Einzelversicherung für politische Risiken	— Hermes Ausfuhr-Pauschal-Gewährleistung einsetzen	günstigere Prämien möglich
bestätigtes LC	— nicht nötig bei vorhandener Hermes-Deckung	Wegfall der Bestätigungsprovision
Devisen		
Fremdwährungsfakturierung	— Kurssicherung für Exporteur ist teilweise günstiger als für Käufer im Importland	Spielraum beim Warenpreis
vorübergehendes Währungsguthaben	— Swapgeschäft	kann günstiger sein als Währungsfestgeld
vorübergehender Währungsbedarf	— Swapgeschäft	kann günstiger sein als Währungskredit

127

Ist-Zustand	Maßnahmen	Vorteile
Diskontwechsel in Fremd-währung mit Laufzeiten um ca. 30 Tage	— KK-Satz in Verbindung mit Abrechnung zum Devisenterminkurs prüfen	oft günstiger als Redis-kontierung w/Wechselankaufskurs = 90-Tage Terminkurs
bei künftigen Währungs-eingängen werden höhere Kursabweichungen nach unten und oben erwartet	— Devisenoption abschlie-ßen	im Gegensatz zum DTG sind Kurssteige-rungen realisierbar
der Zeitpunkt eines Deviseneingangs ist ungewiß	— Terminoptionsgeschäft abschließen	einfach und Disposi-tionsmöglichkeit wäh-rend der Optionszeit
vorzeitiger Devisenein-gang bei Termingeschäft DTG	— Swapgeschäft verschafft Barmittel	Swapsatz ist oft günsti-ger als Kunden-Währungszins. Bei KK-Kredit enorme Einspa-rung von Zinsen.
verspäteter Devisenein-gang bei Termingeschäft	— DTG-Verlängerung durch Swapgeschäft	oft günstiger als Wäh-rungs-Kreditaufnahme

14 Absicherung von Devisenkursrisiken

Ist die DM-Fakturierung eine Kurssicherung?

Die DM-Fakturierung ist die einfachste Sicherung. Dabei wird das Währungsrisiko auf den ausländischen Käufer verlagert.

Oft ist es ein Wettbewerbsvorteil, in fremder Währung zu fakturieren, weil u.a. eine Sicherung für den Käufer aufwendiger und teurer sein kann als sie in Deutschland ist.

Der deutsche Verkäufer kann problemlos am Devisenmarkt absichern.

14.1 Das klassische Instrument ist das Devisentermingeschäft

Beim Abschluß wird ein Wechselkurs auf ein bestimmtes in der Zukunft liegendes Datum festgelegt. Die Aufschläge = Report oder Abschläge = Deport vom aktuellen Kassakurs richten sich ausschließlich nach dem Zinsunterschied der beiden Währungen. Die Festlegung des Terminkurses ist also losgelöst von einer Trendschätzung.

Bei Niedrigzinswährungen, wie z.B. häufig dem Schweizer Franken, liegt für den Exporteur der Terminkurs über dem Kassakurs. Der US-$ hatte gegenüber der DM in den vergangenen Jahren wegen höherer Zinsen einen Abschlag.

Übliche Laufzeiten bis zu einem Fälligkeitsdatum sind 1, 2, 3, 6 und 12 Monate. Dazwischenliegende und kürzere Fälligkeiten, sog. broken dates, sind möglich. Für konkrete Fälle sind auch Laufzeiten von mehreren Jahren darstellbar.

— Falls kein genauer Währungseingang festgelegt werden kann, empfiehlt sich das *Terminoptionsgeschäft*. Der Terminkurs gilt dabei für einen bestimmten in der Zukunft liegenden *Zeitraum*. Normalerweise bis zu 30 Tagen. Innerhalb dieses Zeitraums kann der Bankkunde an jedem beliebigen Tag das Geschäft einlösen; spätestens bei letzter Fälligkeit muß es eingelöst werden.

Vorteil des Termingeschäfts:

— feste Kursvereinbarung = kein Kursrisiko
— sichere Kalkulationsbasis

Nachteil:

— an einer positiven Kursentwicklung kann man nicht teilhaben.

Da Währungseingänge vor oder nach fälligen Termingeschäften nicht zu vermeiden sind:

14.2 Das Swapgeschäft

Mit dem Swapgeschäft = Tausch von zwei Währungen auf einen im voraus festgelegten Zeitraum ist dieses Problem ideal zu lösen. Die Bank schließt dabei gleichzeitig ein Kassa- und Termingeschäft ab. Die Auswirkung beim Swapsatz für den Exporteur ist wieder allein der Zinsunterschied.

— Bei vorzeitigem Währungseingang wird das Termingeschäft verkürzt. Mit sofortiger DM-Liquidität können Sollzinsen reduziert werden.

— Bei verspätetem Währungseingang wird das Termingeschäft verlängert. Das Kursrisiko ist weiterhin abgesichert.

Das Swapgeschäft bietet noch einen anderen Vorteil:

Schaffung von kursgesicherter DM- oder Währungsliquidität.

1. Beispiel:

Ein größerer Währungseingang wird vorübergehend, z.B. 60 Tage, nicht benötigt. Er soll zur Kurssicherung für dann fällige Zahlungen dienen.

1. Möglichkeit: Kassaverkauf und späterer Kassakauf. Entfällt w/Kursrisiko

2. Möglichkeit: Festgeldanlage am Euromarkt

3. Möglichkeit: Tausch des Währungsbetrages unter Berücksichtigung des

Swapsatzes in DM. Damit Reduzierung von KK-Sollzinsen. Nach 60 Tagen belastet die Bank automatisch das DM Konto und stellt den alten Währungsbetrag wieder zur Verfügung. Diese Lösung ist oft günstiger.

2. Beispiel:

In 10 Tagen erfolgt ein Eingang auf dem Währungs-KK. Dieser Betrag muß heute schon an Vorlieferanten bezahlt werden.

1. Möglichkeit: Kassakauf und späterer Kassaverkauf. Entfällt w/Kursrisiko

2. Möglichkeit: 10-Tages-Kreditaufnahme am Euromarkt

3. Möglichkeit: Tausch von DM-Liquidität unter Berücksichtigung des Swapsatzes in Währung. Nach 10 Tagen belastet die Bank automatisch das Währungskonto z.G. des DM-Kontos. Dieser Weg wird bei DM-Habensalden immer günstiger sein.

Wie kann man sich gegen ungünstige Kurse sichern und trotzdem an günstigen Kursentwicklungen teilhaben ?

14.3 Die Devisenoption

Mit dem Kauf einer Devisenoption erwerben Sie z.B. das Recht, US-$ während der Laufzeit der Option jederzeit oder erst am Ende der Laufzeit zum beim Abschluß vereinbarten Kurs zu kaufen bzw. zu verkaufen. Für dieses Recht ist beim Abschluß eine Optionsprämie zu zahlen. Ob das Recht letztendlich ausgeübt wird, hängt von der Kursentwicklung ab.

Vorteile:

— Realisierung von Kurschancen bei gleichzeitiger Kurssicherung
— hohe Flexibilität
— Sicherung für noch nicht genau bekannte Beträge
— bereits in der Angebotsphase einsetzbar

Nachteil:

— Optionsprämie, die einer Versicherungsprämie vergleichbar ist.
Die Höhe der Optionsprämie hängt u.a. vom vereinbarten Basiskurs und von
erwarteten Kursschwankungen = Volatilität ab. Meist wird empfohlen, einen Basiskurs nahe des aktuellen Kassakurses festzulegen.

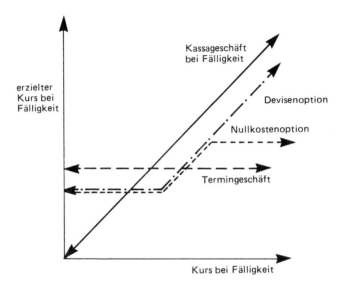

Bild 14.1: Devisenkurssicherungen

Die *Nullkostenoption* (= Zero-Cost-Option):
Sie ist eine Devisenoption ohne Prämienzahlung. Dabei werden eine Kaufop-
tion = Call Option gekauft und eine Verkaufsoption = Put Option mit der gleichen Prämienhöhe verkauft.

Siehe obiges Schaubild:
Das Kursrisiko ist auf einen Kurs unter dem Terminkurs begrenzt. Kurschancen
sind auf einen Kurs über dem Terminkurs begrenzt. Im Gegensatz zur eigentli-
chen Option sind also die *Kurschancen begrenzt.*

14.4 Welche Kurssicherung soll der Exporteur in bestimmten Situationen vornehmen?

1. Der Exporteur hat keine Meinung zum Devisenmarkt:
   Termingeschäft
2. Der Exporteur rechnet mit sinkendem Währungskurs:
   Termingeschäft
3. Der Exporteur rechnet mit deutlich steigendem Währungskurs:
   Devisenoption
4. Der Exporteur rechnet mit geringen Veränderungen, wie z.B. bisher beim österr. Schilling:
   Termingeschäft oder Kassageschäft
5. Der Terminkurs hat einen Aufschlag, wie z.B. oft der sfr:
   Termingeschäft
6. Der Exporteur rechnet mit größeren Ausschlägen nach unten oder nach oben:
   Devisenoption und Termingeschäft
7. Zusätzliche Empfehlung: Um bei Fälligkeit nicht nur die ungünstigste Lösung zu besitzen, hat sich bei größeren Beträgen (ab mind. TDM 100) eine einfache Mischung schon oft bewährt:
   z.B. 50% Termingeschäft/50% Devisenoption
   oder 35% Termingeschäft/35% Devisenoption/30% Kasse.
   Die teilweise Nichtabsicherung kann z.B. auf Chartentwicklungen beruhen und muß genau beobachtet werden. Ggf. muß nachgesichert werden.

Sonstige Kurssicherungen und Kombinationen

— Bei laufenden Währungseingängen und -ausgängen lohnt sich die Einrichtung eines Währungs-Kontokorrentkontos. Achtung: Bei etlichen Währungen gewähren Banken keine Habenzinsen. Dagegen können sehr hohe Sollzinsen anfallen.

— Ausländische Käufer wünschen oft ECU = European Currency Unit — Fakturierung. Sie wollen dabei ihr DM-Währungsrisiko begrenzen. Der DM-Anteil am ECU-Währungskorb beträgt rd. ein Drittel. Vom Rest muß mit negativen Auswirkungen auf den ECU-Preis gerechnet werden. Die europäische Währungseinheit ECU ist frei handelbar, ihr DM-Kurs wird täglich festgesetzt. ECU-Konten können geführt werden.

— Für die Disposition von größeren Währungsbeträgen wurde bereits auf Kredite/Anlagen am Euromarkt und auf Swapgeschäfte hingewiesen.

— Beim Bundesbankrediskont von Währungswechseln wird das Kursrisiko von der Bundesbank übernommen.

— Auch Forderungen in Fremdwährung können forfaitiert werden. Der Forfaitierungserlös in Fremdwährung (ohne Rückgriff) ermöglicht einen sofortigen Kassaverkauf. Delkredere- und Kursrisiko sind so ausgeschaltet.

14.5 Einige Besonderheiten beim Devisen-Kassageschäft

— Devisen werden grundsätzlich mit *2-tägiger Valuta* gehandelt.

— Der *Fixingkurs* ist der täglich festgestellte Mittelkurs für amtliche Währungen.

— Mit der Bank können *vorbörsliche* und *nachbörsliche* Kurse vereinbart werden.

— Bei Kursanfragen haben *Kursverwechslungen* unangenehme Folgen.

— Der Exporteur kalkuliert mit *Geldkursen*. Der Importeur zahlt zu *Briefkursen*.

— Für Währungsschecks wird der *Scheckankaufskurs* = Sichtkurs (= Geldkurs abzüglich Postlaufzinsen), erzielt.

— Der *Bundesbank-Wechselankaufskurs* entspricht etwa dem 90-Tage-Terminkurs.

15 Außenhandelsförderungsprogramme

Bund und Länder fördern mittelständische Unternehmen mit einer Reihe von Programmen. Unter anderem sind dies

15.1. Allgemeine Finanzierungshilfen

Im Rahmen der Finanzierungshilfen gewährt der Bund über die Kreditanstalt für Wiederaufbau (KFW) Darlehen für die Errichtung, Erweiterung, grundlegende Rationalisierung und Umstellung von Betrieben, für Kooperation, Innovation, bestimmte Investitionsvorhaben usw. Die Programme sind:

1. ERP — Regionalprogramm
2. ERP — Standortprogramm
3. ERP — Beteiligungsprogramm
4. KfW — Mittelstandsprogramm
5. Ergänzungsprogramm I der Deutschen Ausgleichsbank
6. Investitionszulage zur Energieeinsparung

Die Anträge sind über die Hausbank bei der KfW zu stellen. Nähere Informationen erhalten Sie ebenfalls über Ihre Hausbank.

Förderung von Forschung und Entwicklung

Im Rahmen dieser Programme werden Zuschüsse zu den lohnsteuerpflichtigen Bruttolöhnen des in Forschung und Entwicklung tätigen Personals, zur Finanzierung von Innovationsvorhaben (Forschungs- und Entwicklungsarbeiten auch für Produkte, die nur für den Export bestimmt sind) und zur Vertragsforschung geleistet. Die einzelnen Programme lauten:

1. Förderung des FuE-Personals
2. Förderung technologieorientierter Unternehmensgründungen
3. Zuschüsse für Vertragsforschung
4. FuE-Investitionszulage

135

Förderung der Beratung kleiner und mittlerer Industrie-Unternehmen durch den RKW-Beratungsdienst

In diesem Programm werden Beratungen durch einen vom RKW eingesetzten freien Unternehmensberater bezuschußt. Der Zuschuß wird in Form einer Anteilsfinanzierung gewährt, die 40% der in Rechnung gestellten Beratungskosten beträgt. Der Zuschuß ist pro Beratung auf DM 3.000 und pro Antragsteller auf DM 7.500 begrenzt. Näheres Auskünfte erteilt auch das RKW.

15.2 Förderung der Unternehmensberatungen

In diesem Programm werden Beratungen durch freie Unternehmensberater bezuschußt. Der Zuschuß wird in Form einer Anteilsfinanzierung gewährt, die 40% der in Rechnung gestellten Beratungskosten beträgt. Der Zuschuß ist pro Beratung auf DM 3.000 und pro Antragsteller auf DM 7.500 begrenzt. Nähere Auskünfte erteilen die zuständigen Leitstellen, in der Regel der für Sie zuständige Verband (z.B. Bundesverband der Deutschen Industrie e.V.).

Es gibt selbstverständlich noch eine Reihe anderer Finanzierungshilfen und Förderungsprogramme des Bundes und/oder der Länder, auf die aus Platzgründen hier nicht eingegangen werden kann. Im Bereich Außenhandel (Export/Import) haben die beiden zuletzt genannten Programme sowie besondere Länderprogramme große Bedeutung.

Als Beispiel soll hier das Außenwirtschaftsberatungs-Programm des Freistaats Bayern dargestellt werden. Ähnliche, in der Abwicklung teilweise abweichende Programme gibt es auch in anderen Bundesländern. Nähere Auskünfte erteilt die für Sie zuständige Industrie- und Handelskammer.

Bayern

Mittelständisches Außenwirtschaftsberatungs-Programm

Zweck und Ziel der Beratung:

In der Außenwirtschaftsberatung soll die Leistungs- und Wettbewerbsfähigkeit mittelständischer Unternehmen verbessert werden. Dabei soll auf der einen Seite das Interesse am Außenhandel geweckt, andererseits aber auch das dazu erforderliche Know How vermittelt werden.

136

Antragsberechtigt sind alle kleinen und mittelständischen Unternehmen ohne Rücksicht auf ihre Rechtsform, sowie Angehörige freier Berufe, wenn sie ihren rechtlichen Hauptsitz in Bayern haben.

Die Zuschüsse zu den Beratungskosten betragen abhängig vom Jahresumsatz des Unternehmens bis zu 100 %. Anträge sind bei der regional zuständigen IHK zu stellen. Durchgeführt werden kann eine solche bezuschußte Beratung nur von einem ,,Exportberater'', der gegenüber der Industrie- und Handelskammer seine Qualifikation nachgewiesen hat und in einem bei der Vorortkammer München geführten Beraterverzeichnis geführt wird.

Ablauf einer Exportberatung in der Praxis

Wenn ein Unternehmen bei seiner IHK eine bezuschußte Exportberatung beantragt, so wird entweder der vom Unternehmen bereits gewünschte Berater oder ein von der IHK ausgewählter Berater mit der Durchführung eines Kontaktgespräches beauftragt. Dieses Gespräch ist für das Unternehmen kostenlos, da die Reisekosten und der Aufwand des Beraters durch die IHK übernommen werden. In dem Gespräch stellt das Unternehmen dem Berater seine Probleme und Wünsche dar.

Im Verlaufe des bis zu 4 Stunden möglichen Kontaktgespräches lernen sich Unternehmer und Berater kennen. Der Berater erläutert dem Unternehmen seine fachlichen und personellen (abhängig von den Auslandsmärkten) Möglichkeiten.

Gesprächsgegenstand können sein:

Anbahnung von Auslandsgeschäften
Vertragsgestaltung
Dokumentäre Vorschriften
Auftrags-/Versandabwicklung
Zahlungsabwicklung
Ausfuhrfinanzierung/-Versicherung
Zollpräferenzen

Aufbau und Organisation des Export-/Importwesens
Direktinvestition im Ausland
Auslandskooperation
Kompensationsgeschäfte
Lizenz-/Know-how-Vergabe

In der Praxis hat sich gezeigt, daß die meisten der beratenen Unternehmen an einer Absatzmarkterschließung interessiert sind. Um hier als Berater erfolgreich zu sein, sind Partner im Ausland bzw. eigene Büros im Ausland notwendig. Im Rahmen dieser Absatzmarkterschließung erhält das Unternehmen in der Praxis das erforderliche Export Know-How und wird dadurch in die Lage versetzt nach Ablauf der Beratung selbständig neue Märkte zu erschließen (siehe Auswahl von Exportmärkten).

Anlage A

Länder, die Einfuhrgenehmigungen oder Einfuhrlizenzen vorschreiben. (Die *kursiv* gedruckten Länder haben zusätzlich Einfuhrmonopole oder Einfuhrverbote)

EUROPA

Albanien, Bulgarien, Gibraltar (nur wenige Produkte), Jugoslawien (für Waren, die nicht auf der Liberalisierungsliste stehen), Malta, *Polen,* Portugal (teilweise noch mengenmäßige Beschränkungen), *Rumänien,* Spanien (nur bei bestimmten Produkten), Türkei (nur bestimmte Produkte), *GUS,* Zypern (nur bestimmte Produkte).

AFRIKA

Ägypten (210 Produkte sind einfuhrverboten), Äquatorialguinea, *Äthiopien, Algerien,* Angola, *Benin* (nur wenige Produkte), Botsuana (nur teilweise), Burkina Faso (nur wenige Produkte), Burundi (ab Warenwert F.Bu. 50.000), Djibouti (teilweise), Elfenbeinküste (teilweise Einfuhrkontingente), Gabun (ab Warenwert CFA Francs 500.000), Gambia (teilweise), Ghana (für die meisten Waren), *Republik Guinea,* Guinea-Bisau, Kamerun (ab Warenwert über CFA Francs 500.000), Kapverdische Inseln, Kenia (ausgenommen bestimmte Kleinsendungen), Komoren (teilweise), Volksrepublik Kongo (nicht für EWG- Waren), Lesotho (teilweise), Liberia (nur wenige Waren), *Libyen,* Madagaskar, Malawi (teilweise), *Mali* (teilweise), Nigeria, Ruanda, Sambia, St. Helena (teilweise), Sao Tomé und Principe Inseln, *Senegal* (EWG-Waren teilweise liberalisiert), Sierra Leone, Simbabwe (teilweise), Somalia, Sudan, Südafrika (die meisten Waren), Swasiland (teilweise), *Tansania,* Togo (ausgenommen die meisten EWG-Waren), Tunesien, *Uganda,* Zaire, Zentralafrikanische Republik (teilweise).

ASIEN

Afghanistan (nur bestimmte Produkte), Bahrain (nur bestimmte Produkte), *Bangladesh, Birma,* Brunei Darussalam, *VR China,* Hongkong (nur bestimmte Waren), *Indien, Indonesien* (nur wenige Waren), *Irak, Iran,* Israel (teilweise), Japan (zur Zeit nur für 70 Warenpositionen, Arabische Republik Jemen, Volksrepublik Jemen, Jordanien (für die meisten Waren), *Kamputschea, Katar, Volksrepublik Korea,* Korea, Kuwait, Laos, Libanon (nur bestimmte Waren, Macau (teilweise), Malaysia (teilweise), *Mongolei,* Nepal (nur bestimmte Produkte), Pakistan, Sabah (teilweise), Sarawak (teilweise), Saudi Arabien (nur wenige Waren), Singapur, *Sri Lanka* (teilweise), Syrien (bei Warenwerten über Syr. L. 1.000), Taiwan, Thailand (teilweise), Vietnam.

AUSTRALIEN
Australien (teilweise Einfuhrkontingente), Neuseeland (nur für wenige Waren).

AMERIKA
Argentinien (ausgenommen Kleinsendungen bis US $ 1.000), Belize (nur wenige Waren), *Brasilien,* Chile (ausgenommen Kleinsendungen bis US $ 500), Costa Rica (ausgenommen Kleinsendungen bis US $ 500), *Dominikanische Republik* (nur wenige Waren), *Ecuador,* Grenada (nur wenige Waren), *Guatemala* (nur wenige Waren), *Kanada* (ca. 50 Warenpositionen), *Kolumbien* (ausgenommen Kleinsendungen bis US $ 500), Mexico (nur wenige Waren), Nicaragua, *Panama* (nur bestimmte Produkte), *Paraguay, Peru* (für die meisten Waren), El Salvador (ausgenommen Kleinsendungen bis US $ 500), Suriname, Trinidad und Tobago, Uruguay, *Vereinigte Staaten von Amerika* (Einfuhrkontingente für bestimmte Produkte).

Diese Aufstellung soll Ihnen natürlich nur einen groben Überblick mit Stand 1991 geben, zeigt aber, daß es wichtig ist, sich für das Exportprodukt so genau wie möglich zu informieren.

Anlage B

Auslandsmessen zur Markterschließung

Checkliste zur Auswahl der Fachmesse

ÜBLICHE VERTRIEBSWEGE IN ANDEREN AUSLANDSMÄRKTEN ODER IM INLAND
Ist-Zustand des Unternehmens

KUNDENKREIS:

IMPORTEURE:

GROßHÄNDLER:

HANDELSVERTRETER;

DIREKTABNEHMER:

BESUCHER AUF DER LETZTEN MESSE, FÜR DIE EINE TEILNAHME ALS
AUSSTELLER VORGESEHEN IST

IMPORTEURE:

GROßHÄNDLER:

HANDELSVERTRETER:

DIREKTABNEHMER:

GEWÜNSCHTER VERTRIEBSPARTNER IM GEPLANTEN EXPORTMARKT

IMPORTEURE:

GROßHÄNDLER:

HANDELSVERTRETER:

DIREKTABNEHMER:

VERTRETERSUCHE

MARKTINFORMATION

BESUCHERINFORMATION

Vor einer Messebeteiligung prüfen Sie oben genannte Punkte in Ihrem Unternehmen. Gehen Sie dabei anhand der entsprechenden Kapitel des Buches vor. Besonders: 4. Auslandsmessen, 5. Vertriebswege und Vertriebspartner und 6. Bedingungen für eine erfolgreiche Zusammenarbeit mit ausländischen Vertriebspartnern.

Anlage C

Ricevuta / Empfangsschein

La fattura richiamata nella presente dovrà essere pagata il giorno
Die erwähnten Rechnungen sind am:
zu bezahlen.

Importo / Betrag

(in cifre / in Ziffern)

li / den

Riceviamo la somma di: / Wir erhielten den Betrag von: (in lettere / in Worten)

che a mezzo della / den Sie uns über die

BAYERISCHE VEREINSBANK AG

ci avete versata a saldo della nostra fattura
zur Begleichung unserer Rechnung gezahlt haben

Il Trassato / Bezogener

N. / Nr. _____ del / vom _____

Banca / ital. Bank

Aussteller, Adresse (Stempel/Unterschrift)
L'emittente (timbro/firma)

142

Sachregister

Dipl.-Wirtsch.-Ing. Hatto Brenner
AWI-International Consultants
Erlangen

Dipl.-Betriebswirt Werner Dörfler
Erlangen

Walter J. Dobisch
Exportberater
Karlstadt

Peter Kairies

Professionelles Produkt Management für die Investitionsgüterindustrie

Praxis und moderne Arbeitstechniken

1992, 137 Seiten, DM 49,--
Kontakt & Studium, Band 403
ISBN 3-8169-0827-6

Mit den branchenübergreifenden Veränderungen auf den internationalen Investitions
gütermärkten wächst auch die Bedeutung eines professionellen Produktmanagements.
Das Buch gibt Ihnen als Produktmanager, Leiter oder Mitarbeiter in Marketing,
Vertrieb oder F&E Impulse, Anregungen, praktische Hilfen und Ideen.

Sie erfahren,
- wie Sie die Instrumente des modernen Produktmanagements gezielt einsetzen
- wie Sie die relevanten Informationen über Markt, Kunden, Wettbewerb und Produkte
  beschaffen, effizient darstellen und wirkungsvoll nutzen
- wie Sie systematisch Anforderungsprofile konzipieren und damit die Voraussetzungen
  für den Erfolg neuer Produkte schaffen
- wie Sie mit Simultaneous Engineering Entwicklungszeiten verkürzen
- wie Sie Produkt-Marketing-Stretegien erarbeiten und durchsetzen
- wie Sie neue Produkte erfolgreich in den Markt einführen.

Zahlreiche Beispiele, Checklisten, Charts und Arbeitsformulare helfen Ihnen, das
Gelernte sofort in die Praxis umzusetzen.

**Fordern Sie unsere Fachverzeichnisse an.
Tel. 0 70 34/ 40 35-36, FAX 7618**

expert verlag GmbH, Goethestraße 5, 7044 Ehningen bei Böblingen

Quellen für neue Produkte

Nutzung von firmeninternen Potentialen,
Lizenzbörsen, Datenbanken, Technologiemessen

Dipl.-Ing. Götz Schaude
Dr. Dieter Schumacher
Volker Pausewang

1990, 120 Seiten, DM 46,--
ISBN 3-8169-0489-0

Die Entstehung eines neuen Produkts bleibt auch heute noch in den meisten Unternehmen dem Zufall überlassen. Sicherlich würde eine wohlvorbereitete und gezielte Suche nach neuen Produkten wesentlich bessere Ergebnisse bringen. Dazu muß zuerst die Suchrichtung definiert werden, dann kann die Suche nach neuen Produkten geplant und durchgeführt werden.

Aber wo soll der Unternehmer suchen? Er wird heute mit einer Fülle von Informationen und Angeboten überflutet, die ihn verwirrt und die er neben seiner Tagesarbeit nicht bewältigen kann.

Der Themenband bietet einen Überblick über die zahlreichen Quellen und die Möglichkeiten, sie zu nutzen:
- Technologie- und Lizenzmessen
- "öffentliche" Technologie- und Lizenzbörsen
- "private" Technologie- und Lizenzdienste
- Technologie- und Lizenzdatenbanken
- Forschungseinrichtungen und Lehrstätten
- Lizenzvermittler
- Erfinder
- eigene Mitarbeiter

Es werden jeweils konkrete Beispiele vorgestellt.

Fordern Sie unsere Fachverzeichnisse an.
Tel. 07034/4035-36, FAX 07034/7618

expert verlag GmbH, Goethestraße 5, 7044 Ehningen bei Böblingen

Prof. Dr.-Ing. Wolfgang Dreger

Konkurrenz-Analyse und Beobachtung

Mit System zum Erfolg im Wettbewerb

1992, 424 Seiten, 288 Bilder, 57 Literaturstellen, M 79,--
Kontakt & Studium, Band 332
ISBN 3-8169-0695-8

Die Planungsaufgabe in einem modern geführten Unternehmen ist ohne konkurrenzbezogene Daten nicht mehr lösbar. In einem strukturierten Ansatz wird hier eine mögliche Vorgehensweise zur systematischen Konkurrenzanalyse vorgestellt.

Checklisten zur Datensammlung, zu Datenquellen sowie Hinweise zur Bearbeitung der Daten werden ebenso wie die Organisaton der Konkurrenzanalyse und die Aufgaben des Managements behandelt.

Der Inhalt des Buches beruht auf vielfältigen Erfahrungen des Autors und orientiert sich somit an den Anforderungen der Praxis. Die Aussagen sind für alle Branchen geeignet und beinhalten:
- Struktur der Konkurrenzanalyse und »Fahrplan« zur Vorgehensweise
- Checklisten zu Datenquellen und zur Datensammlung
- Konkurrenzbezogene Datenverarbeitung
- Erstellung eines Lagebildes und Ergebnispräsentation
- Aufgaben des Managements bei der Konkurrenzanalyse
- Organisation der Konkurrenzanalyse und
- Anforderungen an den Konkurrenzbeobachter.

Das Buch wendet sich vornehmlich an den Praktiker, der sein Planungssystem durch die systematische Beobachtung der Konkurrenz effektiver gestalten will. Aber auch für Forschung und Lehre vermittelt das Buch viele Anregungen.

Fordern Sie unsere Fachverzeichnisse an.
Tel. 0 70 34/ 40 35-36, FAX 7618

expert verlag GmbH, Goethestraße 5, 7044 Ehningen bei Böblingen